정치
+
철학
03

소명으로서의 정치

소명으로서의 정치

1판1쇄 | 2011년 4월 15일
1판3쇄 | 2012년 7월 10일
2판1쇄 | 2013년 7월 25일
2판5쇄 | 2019년 4월 15일
개정1판1쇄 | 2021년 3월 2일
개정1판2쇄 | 2023년 5월 22일

지은이 | 막스 베버
옮긴이 | 박상훈
해제 | 최장집

펴낸이 | 안중철, 정민용
편집 | 윤상훈, 이진실, 최미정

펴낸곳 | 후마니타스(주)
등록 | 2002년 2월 19일 제2002-000481호
주소 | 서울 마포구 신촌로14안길 17, 2층 (04057)
전화 | 편집_02.739.9929/9930 영업_02.722.9960 팩스_0505.333.9960

블로그 | blog.naver.com/humabook
트위터, 페이스북, 인스타그램 | @humanitasbook
이메일 | humanitasbooks@gmail.com

인쇄 | 천일문화사_031.955.8083 제본 | 일진제책사_031.908.1407

값 15,000원

ISBN 978-89-6437-367-5 94300
      978-89-6437-303-3 (세트)

정치
✛
철학
03

소명으로서의 정치

막스 베버 지음
박상훈 옮김
최장집 해제

MAX WEBER

———

POLITIK
ALS
BERUF

후마니타스

차례

일러두기

1. 이 책은 막스 베버Max Weber가 1919년 1월 말에 강연하고 같은 해 10월에 발간한 *Politik als Beruf*를 우리말로 옮긴 것이다. 최초 판본은 한 단락의 위치가 잘못 배치되는 등 편집상의 명백한 실수가 있었다. 그런 실수는 곧 수정되었는데, 대표적인 수정 판본은 요하네스 빈켈만Johannes Winckelmann이 편집하고 J. C. B. Mohr(Paul Siebeck) 출판사가 출간한 베버의 『정치 저작 모음집』*Gesammelte politische Schriften* 2판(1958년)에 들어 있다. 이 번역본도 이를 기준으로 삼았다(흥미롭게도 수정되지 않은 원본도 계속해서 출간되었는데, 대표적으로 Duncker & Humblot GmbH 출판사가 1919년 초판을 낸 이래 지금까지도 내고 있는 판본을 들 수 있다).

2. 우리말로 옮기는 데 참조한 기존의 한글 번역본과 영문 번역본은 다음과 같다. 막스 베버, 「직업으로서의 정치」, 『프로테스탄티즘 윤리와 자본주의 정신/직업으로서의 학문/직업으로서의 정치/사회학 근본 개념』, 김현옥 옮김, 동서문화사, 2009, 막스 베버, 『직업으로서의 정치』, 전성우 옮김, 나남, 2007, 막스 베버, 「직업으로서의 정치」, 『직업으로서의 학문』, 이상률 옮김, 문예출판사, 2005, 막스 베버, 『직업으로서의 정치』, 김진욱 옮김, 범우사, 2002, Max Weber, *Charisma and Disenchantment: The Vocation Lectures*, Paul Reitter and Chad Wellmon eds., New York Review of Books, 2020, Max Weber, *The Vocation Lectures: Science As a Vocation, Politics As a Vocation*, David Owen and Tracy B. Strong eds., Hackett, 2004, Max Weber, "The Profession and Vocation of Politics", Peter Lassman and Ronald Speirs eds., *Weber: Political Writings*, Cambridge University Press, 1994, Max Weber, "Politics as a Vocation", H. H. Gerth and C. Wright Mills eds., *From Max Weber: Essays in Sociology*, Oxford University Press, 1946.

3. 독일어 원본은 아무런 목차나 구분도 없이 내용이 하나로 이어져 있다. 이 번역본에서는 소주제별로 제목을 달아 내용을 구분했다. 원문의 문단은 매우 길기로 유명한데 내용의 흐름에 손상을 주지 않는 범위에서 필요에 따라 세분했다.

4. 본문과 각주에서 사용된 대괄호([ ])는 독자의 이해를 돕기 위해 옮긴이가 첨언했다. 각주 위치에 있는 모든 내용은 본문을 이해하는 데 필요한, 옮긴이의 설명 주다.

5. 이 번역본은 애초 2011년 '정치철학 강의' 총서로 출간되었으나, 2021년 '정치+철학' 총서로 통합했다.

소명으로서의 정치

자유학생연맹의 네 차례 초청 강연 중 두 번째 강연

Geistige Arbeit als Beruf

Vier Vorträge vor dem Freistudentischen Bund

Zweiter Vortrag:

Max Weber

Politik als Beruf

München und Leipzig
Verlag von Duncker & Humblot
1919

서론
무엇에 대해 말하려 하나

여러분의 요청으로 이 강의를 하게 되었지만, 틀림없이 내 강의는 여러분을 여러모로 실망시키게 될 것이다.[1]

정치를 Beruf,[2] 즉 직업 내지 소명의 문제로 접근하는 강

---

1) 베버의 강연을 전후한 당시 독일 상황을 간략히 소개하면 다음과 같다. 무엇보다도 중요한 사건은 제1차 세계대전에서 독일의 패배와 독일혁명의 발발이었다. 1918년 11월 3일 킬 군항에서 수병들의 봉기로 시작되어 노동자들이 합세한 혁명이 전국으로 확산되자, 1918년 11월 9일 빌헬름 2세는 제위에서 물러나 네덜란드로 망명했다. 곧바로 총리로 임명된 사회민주당 당수 프리드리히 에베르트는 공화국을 선포했고, 11월 11일 휴전협정에 조인했다. 에베르트는 의회주의 노선에 따라 제헌의회의 조기 소집을 추진했으나, 칼 리프크네히트와 로자 룩셈부르크가 이끄는 스파르타쿠스단이 이에 반대하는 한편 사회주의혁명을 내걸며 1919년 1월 초 베를린에서 봉기를 일으켰다. 봉기는 가혹하게 진압되었고 두 사람은 살해당했으며, 이어 1월 19일 제헌의회 선거가 치러졌다. 그럼에도 불구하고 전국 각지에서 소요와 파업, 반란의 사태는 계속되었다. 연합국 측과의 평화협정 조건을 둘러싼 논란과 갈등도 확산되기 시작했다. 막스 베버의 이 강연은 바로 그런 소용돌이의 한가운데 시점인 1919년 1월 28일 저녁 뮌헨 대학에서, 독일 정치 상황에 적극적으로 개입하겠다는 열정이 강한 진보적 학생운동 단체의 초청으로 이루어졌다.

2) 독일어 Beruf는 직업profession과 소명vocation이라는 의미를 같이 갖고 있다. 그간 한국어 번역본은 '직업으로서의 정치'라는 제목을 채택해 왔는데, 이에 반해 영어권에서는 Politics As a Vocation, 즉 '소명으로서의 정치'로 옮기는 경우가 많았다. 간혹 두 의미를 모두 담아 The Pro-

의라고 하니까, 당연히 여러분은 논란이 되고 있는 현안들에 대해 어떤 입장 표명이 있지 않을까 기대할 것이다. 하지만 그 문제에 대해서는, 우리 인간의 삶 전체에서 정치 행위가 갖는 의미와 관련된 질문을 제기하고 답하는 강의의 마지막 부분에서 아주 형식적으로만 언급하고 끝낼 것이다.

또한 오늘 강의에서 나는, 어떤 정책을 실천해야 하고 그것에 어떤 내용을 담아야 하는지에 관한 문제도 다루지 않을 것이다. 그런 문제들이란, 정치를 소명이자 직업으로 삼는다는 것이 어떤 의미를 갖는지 혹은 어떤 의미를 가질 수 있는지와 같은 보편적인 주제와 아무런 관련이 없기 때문이다. 자, 그러면 바로 본론으로 들어가겠다!

fession and Vocation of Politics, 즉 '직업이자 소명으로서의 정치'로 옮기기도 했고, 최근에는 『(막스 베버의) 소명 강의 시리즈』 안에 The Politician's Work, 즉 '정치인이 하는 일'이라는 소제목으로 실리기도 했다. 이에 따르면(Max Weber, *Charisma and Disenchantment: The Vocation Lectures*, Paul Reitter and Chad Wellmon eds., New York Review of Books, 2020, xxiii-xxvii), 막스 베버가 강의와 책을 통해 탐색하려던 것은, "누군가 정치를 평생의 직업으로 삼고자 한다면, 그 선택이 그 자신에게 갖는 의미는 어떤 것일까?"라는 질문에 있었다. 이를 위해 베버는 한편으로 도덕적인 판단을 전제하지 않고 정치라는 세계가 실제로 어떻게 움직이는지를 살펴보려 했고, 다른 한편 인간의 정치가 갖는 그런 '무도덕적 실재'amoral actuality로부터 어떤 '윤리적 책임'ethical responsibility을 도출할 수 있는지를 보여 주고자 했다. 이런 논지에 따르면 이 책의 주제는 직업과 소명 가운데 어느 하나가 아니라 "직업 정치가가 된다는 것이 갖는 실재적 의미와 그로부터 파생되는 책임감과 소명 의식에 대한 것"으로 이해되어야 한다. 이상의 논의와 관련된 한글 및 영문 번역본 서지 사항은 모두 이 책의 일러두기 2항에서 볼 수 있다.

1장
국가

1. 정치란 무엇인가

정치란 무엇인가? 독일어의 정치Politik는 너무나 광범위한 개념이어서[3] 주체적으로 이루어지는 모든 종류의 지도적 leitender[4] 활동을 다 포괄하곤 한다. 은행의 외환 정책, 중앙은행의 이자율 프로그램, 노동조합의 파업 정책도 모두 정치라고 불리며, 지방자치단체의 교육정책, 자율적 결사체의 운영진들이 내리는 정책뿐만 아니라 심지어는 남편을 영악할 정도로 잘 다루는 현명한 부인의 방책을 두고도 사람들은 같은 말을 한다. 물론 오늘 저녁 강의에서 우리가 할 이야기는 그처럼 광범위한 정치 개념에 기초하고 있지 않다. 오늘 우리

---

3) 독일어 Politik는 정치politics는 물론 정책policy이라는 의미로도 사용된다.
4) 이 책의 핵심 단어인 지도(지도자, 지도적, 지도력)를 의미하는 용어는 독일어 원문에서 크게 세 종류가 있다. 하나는 Leiter, leitender, Leitung이고 다른 하나는 Führer, Führertum, 마지막으로는 leader이다. leitender, Leitung은 일반적으로 조직이나 집단을 이끈다는 의미로 사용되고 Führer, Führertum은 카리스마적 영도나 통솔을 의미하는 차이가 있지만 여기서는 문맥에 따라 지도(지도자, 지도적 역할)나 통치(통치자, 통치 기구, 통치 조직), 지배(지배자, 지배적 행위)등으로 옮기고 원어를 부기했다. leader는 영국의 정치 사례를 다룰 때만 사용되는데, 이에 한해서는 리더(리더십)로 옮겼다.

는 특정의 정치적인 결사체, 즉 오늘날에는 국가를 의미하는 정치적 결사체의 지도적 역할Leitung 또는 이를 둘러싼 영향력의 작용에 대해서만 살펴보려 한다.

사회학적 관점[5]에서 볼 때 '정치적'politischer 결사체란 무엇인가? '국가'Staat란 무엇인가? 사회학적으로 정치적 결사체나 국가를 정의하는 데 있어서 그것이 수행하는 업무의 내용을 준거로 삼을 수는 없다. 과거든 현재든 정치적 결사체들이 다루지 않는 업무란 거의 없다. 그 반대도 마찬가지다. 즉, 정치적 결사체들(오늘날의 표현으로는 국가이지만, 역사적으로 근대국가 이전의 조직체들까지 포함해)만이 언제나 늘 배타적으로 수행하는 고유 업무라고 할 만한 것은 없다.

사회학적 관점에서 볼 때, 다른 모든 정치적 결사체와 마찬가지로 근대국가란, 국가만이 하는 고유 업무에 의해서가 아니라 국가만이 가진 특수한 수단을 준거로 정의될 수밖에 없는데, 그 수단이란 곧 물리적 폭력/강권력Gewaltsamkeit[6]이다.

한때 트로츠키는 브레스트리토프스크[7]에서 "모든 국가

---

5) 베버가 말하는 '사회학적 관점'이란 이 책을 읽고 이해하는 데 매우 중요한 의미를 갖는다. 당시 국가에 대한 논의는 매우 강한 규범성을 가진 법학에서 주로 다루어졌는데, 그와는 달리 베버는 국가 현상을 실제 있는 그대로의 사회적 행위로 보았고 그것이 갖는 의미와 과정, 결과에 주목했다. 따라서 베버가 국가, 지배, 복종, 권력, 폭력, 데마고그, 카리스마 등의 개념을 사용할 때 대부분 그것은 있는 그대로의 정치적 실재를 가리키기 위한 것이지 좋고 나쁨의 규범적 판단을 전제한 것이 아님을 이해할 필요가 있다.

6) Gewaltsamkeit와 Gewalt는 모두 폭력/강권력으로 옮겼다.

는 폭력/강권력Gewalt에 기초하고 있다."라고 말한 적이 있다. 사실 맞는 말이 아닐 수 없다. 만약 폭력/강권력이라는 관념 없이 사회가 조직되었더라면 '국가'라는 개념은 진즉에 사라지고 없었을 것이고, 그랬다면 말 그대로 '무정부 상태'Anarchie로 규정할 만한 상황이 벌써 출현했을 것이다.

물론 폭력/강권력이 통상적인 것은 아니며 국가가 의존하는 유일한 수단인 것도 아니다. 누구도 그렇게 말하지는 않는다. 하지만 폭력/강권력이 국가 특유의 수단인 것은 분명하다. 다른 어느 시기보다 [패전과 혁명의 소용돌이에 휘말려 있는] 오늘날은 국가와 폭력/강권력의 관계가 특히나 밀접하다.

과거에는 씨족사회를 필두로 해서 여러 결사체들이 물리적 폭력/강권력을 지극히 정상적인 수단으로 사용했다. 그에 반해 오늘날 특정한 영토 내에서 — 여기서 '영토'Gebiete란 국가를 규정하는 또 다른 특징 가운데 하나인데 — 정당한 물리적 폭력/강권력의 독점을 (성공적으로) 관철한 유일한 인간 공동체는 곧 국가라고 하지 않을 수 없다.

왜냐하면 근대에 와서, 국가 이외의 다른 모든 조직체나 개인은 오로지 국가가 정하는 범위 내에서만 물리적 폭력/강권력을 행사할 수 있기 때문이다. 국가는 폭력/강권력을 사용할 '권리'Rechts의 유일한 원천으로 간주되고 있는 것이다.

---

7) 레온 트로츠키(1879~1940)는 러시아혁명 지도자의 한 사람으로 당시 소련의 외무 인민위원이었다. 브레스트리토프스크Brest-Litowsk(지금의 브레스트)는 갓 집권한 소비에트 권력을 안정화할 시간을 벌기 위해 1918년 3월 독일과 단독 강화조약을 맺었던 구 폴란드왕국의 한 도시다.

우리에게 있어서 '정치'란 국가들 사이에서든 국가 내 집단들 사이에서든, 권력에 관여하고자 하는 분투노력 또는 권력 배분에 영향력을 행사하고자 하는 분투노력을 뜻한다고 할 수 있다.

이런 정의는 정치 개념의 일상적 용법과 본질적으로 일치한다. 가령 우리는 어떤 특정한 문제를 '정치' 문제라 말하고, 특정 각료나 관리를 '정치' 관료라고 부르며, 어떤 특정한 결정이 '정치적'으로 이루어졌다고 말하는데,[8] 이럴 때 '정치 (적)'이라는 말이 뜻하는 바는 언제든 다음과 같은 것이다. 즉, 권력의 배분과 유지 및 권력의 이동에 관련된 이해관계가 문제 해결에서 가장 중요한 요소이자 정책 결정을 제약하고 해당 관료들의 업무를 규정한다는 것이다.

정치를 하는 사람은 권력을 추구한다. 그가 추구하는 권력은 다른 어떤 목적(이상적일 수도 있고 혹은 이기적일 수도 있는)을 성취하기 위한 수단일 수도 있고 아니면 '권력 그 자체를 위한 것'um ihrer selbst willen일 수도 있다. 후자의 경우는 권력이 주는 특권 의식을 즐기는 것을 뜻한다.

국가란, 역사적으로 그에 앞서 존재했던 정치적 결사체들이 모두 그러했듯이, 정당한(혹은 정당하다고 간주되는) 폭력/강권력이라는 수단에 의존해 성립되는, 인간의 인간에 대한 권

---

[8] 한국의 정치 현장에서는 일반적으로 '정무적' 문제, '정무직' 공직자, '정무적' 판단 등으로 표현하는바, 이하에서는 모두 '정무직', '정무적'으로 옮긴다.

위의 관계에 기초하고 있다. 따라서 국가가 존속하려면 피지배자는 지배 집단이 주장하는 권위를 받아들이지 않으면 안 된다. 피지배자들은 어느 경우에 그리고 무엇 때문에 권위를 받아들이게 될까? 이런 권위는 내적으로 어떤 정당화의 개념에 근거를 두고 있으며 외적으로 어떤 수단에 기반하고 있는 것일까?

2. 권위 : 지배의 정당화

우선 정당화의 내적 측면부터 이야기를 시작해 보자. 원론적으로 보면, 어떤 지배자의 권위든 이를 정당화하는 근거에는 세 가지가 있다.

첫째는 신성화된 관습geheiligten Sitte의 권위다. 이는 사람들 사이에서 '역사를 가로지르는 영속적 존재'ewig Gestrigen로 받아들여지는 권위를 뜻한다. 이런 '전통적'traditionale 지배의 유형에는, 과거 [씨족사회에서의] 가부장Patriarch과 [고대 이집트나 중국의 황제, 터키의 술탄과 같은] 가산제 군주Patrimonialfürst 등이 있다.

다음으로 비범한 개인의 천부적 자질Gnadengabe, 즉 카리스마Charisma에 의거한 권위를 들 수 있다. 이는 신의 계시나 영웅주의 혹은 그가 가진 특출한 지도력을 근거로 사람들이 한 개인 지도자에게 완전한 헌신과 신뢰를 보내는 것을 뜻한다. '카리스마적'charismatische 지배라고 말할 수 있는 이 유형에는, [옛 이스라엘의 종교 지도자와 같은] 예언자, 정치 분야에서는 [페리클레스와 같은] 선출된 전쟁 지도자, [고대 로마공화정의 호민관이나 나폴레옹 3세의 사례에서 볼 수 있는] 시민의 직접 투표로 뽑힌 통치자plebiszitäre Herrscher, [페리클레스 사후의 클레온 같은] 뛰어난 데마고그Demagoge, 그리고 [현대 민주주의에서 볼 수 있는] 정당 지도자들politische Parteiführer 등이 있다.

마지막으로 '합법성'Legalität에 의거한 지배가 있다. 이는 제정된 법규의 타당성에 대한 신뢰, 합리적인 절차에 따라 부여된 객관적 '권한'Kompetenz, 그리고 법규가 규정하고 있는 의무를 기꺼이 수행한다는 신념에 따른 것으로, 근대적 '공무원'Staatdiener을 비롯해 그와 유사한 형태로 권력을 갖게 된 사람들에 의해 행사되는 지배 형태를 가리킨다.

물론 현실에서 피통치자의 복종이 상당 정도 공포와 희망 — 주술적 힘 혹은 권력을 가진 자로부터 보복당할지도 모른다는 공포, 내세 또는 현세에서 보상받을 것이라는 희망 — 뿐만 아니라 매우 다양한 종류의 이해관계에 의해 이루어진다는 것은 두말할 필요도 없는 사실이다. 이에 대해서는 곧 논의하게 될 것이다. 그러나 이런 복종이 갖는 '정당성'Legitimität의 근거를 따져 들어가 보면 틀림없이 우리는 이 세 가지 ['전통적', '카리스마적', '합법적' 지배의] '순수' 유형에 도달하게 된다.

어떤 정당성의 관념이 어떤 내적 근거로 권위의 체계나 구조를 뒷받침하고 있는가를 이해하는 것은 매우 중요하다. 물론 실제 현실에서 순수 유형 그대로 나타나는 일은 거의 없다. 하지만 오늘 이 자리에서 그런 순수 유형들의 지극히 복잡한 변형 형태와 이행 형태, 그리고 서로 다른 유형들 사이의 결합 형태를 자세히 다루기란 불가능하다. 그것은 국가와 정치 전반에 대한 이론화를 통해서 해명될 문제이기 때문이다.[9]

여기서 우리의 주목을 끄는 것은 무엇보다도 두 번째 유형, 즉 지도자의 권위가 그가 가진 순수한 개인적 '카리스마'에 의거하는 유형이다. 정치에 대한 가장 높은 차원의 표현인 소명Beruf이라는 개념은 바로 여기에 그 뿌리를 두고 있다.

사람들이 예언자나 전쟁 지도자 혹은 [고대 그리스의] 민회Ekklesia나 [현대] 의회Parlament를 압도하는 위대한 데마고그 같은 카리스마를 따르는 것은, 그 인물 개인을 내적으로 '소명을 가진' 지도자innerlich 'berufene' Leiter로 인정하기 때문이다. 사람들이 그의 통치를 받아들이는 것은 전통이나 법규 때문이 아니라 그에 대한 믿음 때문이다. 이 지도자는 스스로 설정한 대의Sache를 위해 살 수도 있고 그렇지 않을 수도 있다. 이 지도자가 편협하고 허영심에 찬 일시적 벼락출세자 이상의 인물이라면, 그는 [자신의 안위나 행복이 아닌] '자신에게 맡겨진 과업을 추구하는'trachtet nach seinem Werke[10] 대의에 헌신할 것이다. 틀림없이 그럴 것이다. 하지만 그의 신봉자든 추종자

---

9) 이 강연을 마친 뒤 베버는 뮌헨 대학 여름 학기 강의 주제를 '국가와 정치에 관한 일반 이론'으로 내걸었다. 이 강의는 500명 이상이 등록할 정도로 큰 관심을 불러일으켰다. Reitter and Wellmon eds., *Charisma and Disenchantment: The Vocation Lectures*, p. 125의 각주 2 참조.

10) 이 표현은 니체의 『차라투스트라는 이렇게 말했다』에 나오는 표현을 베버가 가져온 것인데, 자세한 내용은 이 책의 해제 5절 참조.

든 당원이든 상관없이 지지자로 하여금 전적으로 그를 믿고 따르게 만드는 것은 [그가 내세운 대의라고 하는 객관적 요소 때문이 아니라] 지도자로서 '그'라고 하는 인간 그 자체 내지 그가 가진 개성적 특징이다. 과거 세계 어느 곳에서나 그런 지도자상Führertum은 다음과 같은 인물들로 나타났는데, 한 부류는 주술가와 예언자였으며 다른 부류는 선출된 전쟁 지도자와 도당의 수령, 용병 대장 같은 인물이었다.

그러나 오늘 우리가 다룰 주제에 좀 더 적합한 또 다른 부류의 지도자상이 있다. 이는 서양에서만 나타났던 유형으로 그들은 바로 정치 지도자들이다. 맨 처음 이들은 도시국가Stadtstaat라는 토양에서 자라났고 자유 시민의 지지를 받는 '데마고그'의 형태를 띠고 나타났다. 이 역시 서양 특유, 그중에서도 지중해 문명권 특유의 현상이었다. 그 뒤에는 의회 내의 '정당 지도자'Parteiführer라는 형태로 나타났다. 이는 입헌 국가Verfassungsstaates라는 토양에서 출현했고 이 역시 서양 특유의 제도라고 할 수 있다.

이들이야말로 진정한 의미의 '소명'을 가진 정치가들이다. 그러나 그들만이 정치적 권력투쟁의 전개 과정에서 유일하게 영향력을 행사하는 것은 아니다. 결정적으로 가장 중요한 것은 이들의 가용 자원이 어떤 종류의 것이냐는 문제에 있다. 정치적으로 우세한 권력을 가진 자들은 어떤 방법으로 자신들의 지배권을 확고히 하는가? 이 질문은 모든 종류의 지배, 모든 형태의 정치적 지배, 즉 합법적 지배와 카리스마적 지배뿐만 아니라 전통적 지배에서도 적용된다.

3. 행정 : 지배의 조직화

어떤 경우이든 [지배의 관철을 위해서는] 행정Verwaltung의 지속적 역할이 필요하다. 이를 위해서는 두 개의 전제 조건을 갖춰야 한다. 첫째는 정당한 권력을 갖게 된 통치권자에게 복종의 의무를 지닌 사람들이 있어야 한다. 둘째, 필요한 경우 통치자는 물리적 폭력/강권력 행사에 수반되는 인적·물질적 재화를 자유롭게 이용할 수 있어야 한다. 다시 말해 인적 요소로서 행정 관리Verwaltungsstab와 물질적 요소로서 행정 수단Verwaltungsmittel이 필요하다는 것이다.

공적 권위를 가진 다른 모든 조직과 마찬가지로 정치 조직의 경우도 그 외양을 이루는 것은 행정 관리다. 그런데 이들 관리가 권력자에 대한 복종의 의무에 결박되는 것은 순전히 앞서 언급한 정당성의 관념 때문만은 아니다. 그것은 개인의 이해관계를 자극하는 두 가지 보상, 즉 물질적 대가와 사회적 지위 혹은 명예에 의한 것이기도 하다.

물질적 대가에는 봉건 군주가 신하에게 주는 봉토, 가산제 국가에서 관리들에게 주었던 봉록, 근대 공무원의 봉급 등이 있다. 사회적 지위나 명예로는 기사 작위의 부여, 신분적 특권의 부여, 공직자에 대한 포상 등이 있다. 행정 관리에게 주어지는 보상은 바로 이런 것들로 이루어져 있는데, 이런 보상을 상실하지나 않을까 하는 두려움이야말로 행정 관리와 권력자 사이에 유대가 이루어질 수 있는 궁극적이고 결정적인 토대이다.

카리스마적 지배에서도 마찬가지이다. 전쟁에 참여한 부

하들은 전리품과 훈장을 기대한다. 데마고그의 추종자들은 다른 사람에게 돌아갈 관직의 기회를 빼앗는 것이나 마찬가지인 '엽관'spoils,[11] 정치적 충성의 대가로 받는 이권, 그리고 자신들의 허영심을 충족해 줄 포상을 기대한다.

폭력/강권력에 의존하는 모든 지배는, 경제조직과 마찬가지로 (외적인 형태를 가진) 물질적 재화를 필요로 한다. 어떤 체계로 이루어져 있든 상관없이 모든 국가는 서로 다른 원리에 토대를 두고 있는 두 범주로 나뉜다.

첫째는 (관료든 아니든 권력자가 그들의 복종 의무에 의존하지 않을 수 없는) 행정 관리들이 (화폐, 건물, 전쟁 물자, 마차, 말과 같은) 행정 수단을 독자적으로 소유한다는 원리다. 둘째는 행정 관리를 행정 수단으로부터 '분리한다'getrennt는 원리로서, 그 것은 마치 오늘날 자본주의 기업 내에서 사무직 봉급자와 프롤레타리아를 물적 생산수단으로부터 '분리한다'는 것과 동일한 방식을 말한다.

문제의 핵심은, 권력자가 자신의 지시에 의해 일을 하는

---

11) 베버는 강조하려는 용어나 개념을 큰따옴표로 구분했다. 여기서는 우리식 표기법에 맞게 이를 작은따옴표로 표시하고 독일어 표현을 부기했다. 재미있는 것은 영국이나 미국 정치의 사례를 다룰 때 spoils, boss, gentry, leader, self-government, election agent, caucus system, gentlemen, J.P., M.P., spoils system, national conventions, primaries, professional, Civil Service Reform 등의 영어 표현을 그대로 사용했다는 사실이다. 이 경우에도 베버가 사용한 영어 표현 그대로를 부기했다. Podestat나 Signorien, Maschine처럼 이탈리아어나 영어를 독일식으로 옮겨 표기한 경우도 베버가 사용한 그대로 부기했다.

사람들(개인 고용인, 유급 관료, 충직한 신하, 심복처럼 그들 가운데 누구도 업무에 필요한 물적 수단을 소유하지 않은 사람들)을 통해 행정을 직접 관리하는가 아니면 그 반대인가에 있다. 이 차이가 과거 모든 행정 조직의 특징을 구분하게 해준다.

물적 행정 수단의 전부 혹은 일부가, 통치자와 종속관계를 맺은 행정 관리의 수중에 있는 정치 결사체를 우리는 '신분제적으로' 운영된다고 말할 수 있다. 예를 들어 봉건제의 경우 가신들은 봉토를 부여받은 지역에서 행정과 사법 업무에 필요한 수단을 스스로 부담했으며, 전쟁 수행을 위한 장비와 식량도 직접 조달했다. 이는 그에게 종속된 하위 가신들의 경우도 마찬가지였다. 이런 상황은 당연히 가신들의 상전인 군주의 권위에도 영향을 미쳤다. 그런 경우 군주의 권위는 순전히 가신들이 충성심을 갖는지 아닌지, 그들의 봉토 소유권과 사회적 명예의 '정당성'을 군주에게서 찾는지 아닌지 하는 사실에 의존했기 때문이다.

그러나 다른 한편으로 우리는 군주 자신이 행정 수단을 직접 통제하는 현상 또한 정치 결사체 발전의 맨 초기에서부터 어디에서나 존재했음을 알고 있다. 이 경우 군주는 노예나 시종, '충복'과 같이 개인적으로 그에게 예속된 사람들을 통해, 그리고 자신의 창고에서 현물과 화폐로 녹봉을 받는 봉록자들을 통해 직접 행정을 관장한다. 그는 행정 비용을 자신의 영지 수입에서 스스로 부담하며, 자신의 곡물 창고와 물품 창고 그리고 무기고로부터 장비와 식량을 공급받는 군대, 그러니까 순전히 자기 자신에게 예속된 군대를 만들고자 한다.

'신분제적으로' 조직된 정치 결사체에서 군주는 자립적 기반을 가진 '귀족'Aristokratie의 도움으로 통치하며, 따라서 귀족과 지배를 공유한다. 반면 행정 수단을 직접 통제하는 유형의 통치자는 가내 예속인들 아니면 평민들을 활용하는데, 이들은 무산 계층이며 아무런 사회적 명예도 없다. 이들은 물질적으로도 완전히 통치자에게 예속되어 있으며 통치자와 경합할 만한 어떤 독자적 권력 기반도 없다. 이 유형에는 모든 형태의 가부장적이고 가산제적인 지배와 [과거 이슬람교 국가의 전제군주 체제를 가리키는] 술탄적 전제정sultanistischer Despotie, 그리고 [근대의] 국가 관료제가 속한다. 고도로 합리화된 형태를 가진 근대국가의 관료제가 특히나 이 유형에 잘 맞는다.

근대국가의 발전은 어디서나 군주가 그와 공생해 왔던 (독립적이며 '사적인'privaten 행정 권력을 소유한) 신분제 집단의 권한을 박탈함으로써 시작된다. 그때까지 이 계층은 행정 수단, 전쟁 수단, 재정 수단 및 기타 정치적으로 이용 가능한 모든 종류의 재화를 직접 소유하고 있었는데, 크게 볼 때 이들로부터 행정 권력을 빼앗아 오는 과정은 자본주의 기업의 발전 과정과 아주 유사했다. 자본주의 기업의 발전 역시 독립적 생산자들로부터 생산수단을 점차 박탈하는 방식으로 전개되었기 때문이다.

궁극적으로 우리가 보게 된 결과는 근대국가에서 모든 정치적 조직체가 운용할 수 있는 수단에 대한 통제권이 단 하나의 정점에 집중되는 것이었다. 그리하여 이제 그 어떤 관리도 자기가 지출하는 돈의 사적 소유자가 아니며, 자신이 관리하는 건물·자재·도구·무기 등의 사적 소유자가 아니게 되었다.

오늘날 '국가'는 물질적 행정 수단을 행정 관리, 즉 행정 관료 내지 행정 직원들로부터 철저하게 '분리'Trennung하는 과정을 완수해 냈다. 이 점이야말로 국가라는 개념에서 본질적인 것이라 할 수 있다.

지금 우리는 [1918년 11월 3일 독일 북부 킬 군항에서 수병들의 반란이 일어나고 뒤이은 혁명적 운동으로 빌헬름 2세가 황제직을 버리고 네덜란드로 도망친] 최근의 사태를 통해 좀 더 현대적인 발전이 시작되고 있음을 보고 있다. 그것은 지금 우리 눈앞에서 [사적인 행정 권력 소유 계층에게서 행정 수단을 수탈했던] 수탈자 [군주]가 정치의 수단, 즉 정치권력 자체를 수탈당하고[12] 있다는 사실이다.

이는 [최근의 독일]혁명이 성취해 낸 결과다. 혁명 지도자들은 기존 법령에 따라 설치된 통치 기구를 해체하고 그 권한을 박탈했다. 선거로 선출된 자들로 관직과 자리를 채웠고, 이들로 하여금 정무직은 물론 행정 관리, 나아가 물질적 수단에 대한 통제권을 장악하게 했다. 그리고 이런 조치들의

---

12) '수탈자가 수탈당한다'는 이 부분의 표현은 칼 마르크스의 『자본』 1권에 나오는 유명한 문구 — "생산수단의 집중과 노동의 사회화는 마침내 그 자본주의적 외피와 양립할 수 없는 점에 도달한다. 자본주의적 외피는 파열된다. 자본주의적 사적 소유의 조종이 울린다. 수탈자가 수탈당한다." — 에서 빌려 온 것이다. Max Weber, *The Vocation Lectures: Science As a Vocation, Politics As a Vocation*, David Owen and Tracy B. Strong eds., Hackett, 2004, p. 38 참조.

정당성을 피통치자의 의사에서 찾게 했다.

이것이 타당한 일이었느냐 하는 것은 별개의 문제다. 또한 [정치와 행정 영역에서 이룩한] 이런 성공을 근거로 자본주의 경제 체계에 대한 통제권 역시 기업으로부터 빼앗고자 하는 [사회주의혁명의] 희망이 실현될 수 있을까 하는 것도 전혀 다른 문제이다. 자본주의 경제 체계가 정치적 행정 체계와 상당히 유사한 면이 있긴 하지만 그 내적 본질에 있어서는 완전히 다른 법칙을 따르고 있기 때문이다. 오늘 강의에서 이 [사회주의혁명] 문제에 대해서는 내 입장을 말하지 않겠다. 다만 우리의 주제를 깊이 이해하고자 하는 목적에서 다음과 같이 순전히 개념적인 토대만을 확인한 뒤, 다음 이야기로 넘어가고자 한다.

근대국가는 제도화된 통치 조직anstaltsmäßiger Herrschaftsverband이다. 이 통치 조직은 한 특정한 영토 내에서, 지배의 수단인 정당한 물리적 폭력/강권력을 독점하는 데 성공한 지배 조직이다. 근대국가는 이런 독점을 통해 모든 물질적 통제 수단sachlichen Betriebsmittel을 통치자의 수중으로 통합해 냈다. 그 뒤 과거 이 물질적 통제 수단에 대해 독자적 처분권을 가졌던 모든 신분제 집단의 권한을 박탈하고는, 그 대신 국가 자신을 최정점의 위치에 올려놓았다.

4. 직업으로서의 정치

세계의 모든 나라에서 진척의 정도는 다를지 몰라도 [구체제의 신분 질서로부터 행정 수단을 빼앗아 오는] 정치적 수탈 과정이 진행되었는데, 그 과정에서 '직업 정치가'Berufspolitiker의 최초 유형이 모습을 드러냈다.

처음에 이들은 군주에 봉사하는 역할을 했다. 이 유형의 직업 정치가들은 카리스마적 지도자들처럼 스스로 통치자가 되려는 사람들이 아니라 정치적 통치자의 수하에 들어갔던 사람들이다. 이들은 행정 수단의 박탈을 둘러싼 투쟁 과정에서 군주의 편에 섰고, 그의 정책을 집행해 주었으며 이를 통해 한편으로 자신들의 물질적 생계 기반을 확보하고 다른 한편 자신들의 삶에 이상적ideell 의미를 부여했다.

그런데 우리는 이런 종류의 직업 정치가들이 비단 군주에게만이 아니라 [교회 권력이나 봉건영주와 같은] 다른 권력자들에게도 봉사한 것을 발견하게 되는데, 이 사실 역시 [근대 이전에 권력이 다원화되어 있었던] 서양 특유의 현상이 아닐 수 없다. 과거에 이들은 권력자들이 정치적 행정 수단을 수취하는 과정에서 가장 중요한 도구로 쓰였다.

자세한 논의에 들어가기 전에 우선 이런 '직업 정치가들'의 존재가 어떤 의미를 갖는지에 대해 분명히 해둘 필요가 있다. 누구든 하나의 정치 결사체 내에서 또는 여러 정치 결사체 사이에서 권력 배분에 영향력을 행사하기 위해 '정치'에 관여할 수 있는데, 그것은 '임시직'Gelegenheit의 유형이 될 수도 있고, 전업 혹은 부업의 유형이 될 수도 있다. 이는 경제 영역에서 생계를 꾸려 가는 직업의 유형과 하등 다를 바가 없다.

가령 우리가 투표를 하거나 혹은 '정치' 집회에서 지지 또는 항의의 의사를 표명하고 '정치' 연설을 하는 것과 같이 정치적 의사를 표현할 때 우리는 모두 '임시직' 정치가다. 많은 사람들에게 있어서 정치와의 관계는 이 정도가 전부다.

'부업'Nebenberufliche 정치가로는 오늘날 지구당 간사Vertrauensmanne나 정당 내 여러 위원회의 위원들을 들 수 있다. 대개의 경우 이들은 요청이 있을 때에만 정치 활동을 수행한다. 또한 그런 정치 활동을 자신들의 '삶을 영위하는 데' 있어서 물질적으로나 이념적으로 가장 우선적인 과제로 삼지도 않는다. 소집이 있을 때에만 활동하는 [국왕의 자문기관인] 추밀원Mitglieder von Staatsräten 및 이와 유사한 자문 기구 구성원들의 경우에도 사정은 다르지 않다. 우리의 의회 의원 가운데 회기 중에만 정치에 관여하는 상당수의 사람들도 이런 유형에 속한다.

과거 그런 집단들은 (군사적 수단, 행정에 필요한 물적 수단 또는 개인적 통치 권한과 사법권을 독자적으로 소유한) '신분 계층'에서 많이 발견되었다. 이들 대부분은 그저 간간이 정치에 참여할 뿐, 자신의 삶을 전적으로 또는 우선적으로 정치에 바치겠다고는 전혀 생각하지 않았다. 오히려 이들은 지대 확보나 심지어 이윤 추구를 위해 귀족으로서 자신이 가진 권력을 활용했으며, 단지 군주 또는 같은 신분의 동료가 특별히 요청했을 경우에만 정치조직에 참여해 활동했다.

군주가 자신이 독점적으로 관장할 수 있는 정치조직을 창출하려는 투쟁 과정에서 끌어들였던 보좌 세력들 가운데 일부도 그러했다. 군주가 부정기적으로 소집했던 '국왕 자문관'Rate von haus aus 그리고 더 거슬러 올라가서는 '왕정청'curia의

자문관[13] 및 군주의 다른 자문기관에 속했던 고문관들의 상당 부분도 이런 성격을 띠고 있었다. 그러나 단지 일시적 내지 부업으로 봉사하는 보좌 인력만으로는 군주의 요구가 충족될 수 없었다.

당연히 군주는 자신에게만 전적으로 헌신하는 것을 일차적인 본업으로 삼는 보좌 인력을 창출해야만 했다. 그가 이런 보좌 인력을 어디에서 충원했는가의 문제는 새롭게 등장한 왕조의 정치조직이 어떤 구조를 갖게 될 것인지를 결정했다. 그뿐만 아니라 새로운 정치조직이 전체적으로 어떤 문화적 특징을 갖게 될 것인지에도 근본적인 영향을 미쳤다.

그런데 전업 보좌진을 충원해야 한다는 똑같은 필요는, 다른 누구보다도 군주 권력의 완전한 폐기 또는 대폭적 제한을 통해 (이른바) '자유로운' 공동체를 확립해 가고자 했던 [당시는 공화정 정부를 지향했던] 정치조직들 사이에서 훨씬 더 절실하게 인식되었다. 여기서 '자유롭다'는 말은 폭력/강권력 그 자체를 부정한다는 뜻이 아니라, 전통적 권위의 정당성을 상실한 군주의 폭력/강권력으로부터 벗어난다는 것을 의미했다.

이런 정치조직 역시 역사적으로 서양에서만 발생했고, 그 맹아는 지중해 문화권에서 처음으로 등장한, 도시국가라는

---

13) 여기서 curia는 11세기 중엽에서 13세기 초까지 영국에 있었던 왕의 자문 기구 curia regis를 가리킨다. 주로 백작과 남작, 주교 등이 참여했다. Owen and Strong eds., *The Vocation Lectures*, p. 40 참조.

정치적 결사체에서 발견할 수 있다. 이 모든 경우에서 '전업' hauptberuflichen 정치가들은 어떤 모습을 하고 있었을까?

정치를 자신의 직업으로 삼는 데에는 두 가지 방식이 있다. 그 하나는 정치를 '위해'für 사는 것이고, 다른 하나는 정치에 '의해'von [혹은 정치에 의존해] 사는 것이다. 그러나 이 두 방식이 결코 서로 배타적인 것은 아니다.

일반적으로 사람들은 정신적인 이유에서뿐만 아니라 대개의 경우 물질적인 관심 때문에 일을 한다. 정치를 '위해' 사는 사람도 내적인innerlich 의미에서는 '정치에 의존하는 삶' sein Leben daraus을 산다. 그는 자기가 행사하는 권력을 소유하는 것 자체를 즐기거나 아니면 '어떤 대의'에 대한 헌신을 통해 자신의 삶에 의미Sinn를 부여함으로써 내적 균형과 자긍심을 함양하기 때문이다. 이런 내적 의미에서 볼 때 대의를 위해 사는 진지한 사람은 곧 이 대의에 '의존해' 산다고도 할 수 있을 것이다. 그러므로 정치를 '위해' 산다는 것과 정치에 '의존해' 산다는 것 사이의 구별은 다른 것이 아닌 경제적 측면에 관계된 문제다.

직업으로서의 정치에 '의존해' 사는 사람은 정치를 지속적 소득원으로 삼고자 하는 사람이다. 이에 반해 정치를 '위해' 사는 사람의 경우에는 그렇지 않다. 사유재산제도가 지배하는 곳 어디에서든, 누군가 정치를 '위해' 살 수 있으려면, 일견 사소해 보이는 경제적 조건을 갖춰야 한다.

보통의 상황이라면 그런 사람은 정치가 그에게 가져다줄 수 있을 소득에 경제적으로 의존하지 않을 수 있어야 한다. 지극히 단순화해 말하면, 그는 부유하거나 아니면 충분한 수

입을 보장하는 개인적 생활 여건을 가지고 있어야 한다. 적어도 일반적 조건에서는 그렇다.

물론 군 지도자의 측근들이나 거리의 혁명 영웅을 추종하는 사람들은 일상적인 생활 여건에 관심이 거의 없을 것이다. 이들은 모두 전리품이나 약탈물, 몰수품, 추가 부담금, [전시나 혁명기에 유통되는] 강제 통화 등으로 산다. 이것들 모두는 [사적 재산이 아니라는 점에서] 본질적으로 동일하다. 그러나 이런 것들로는 일상의 삶을 영위할 수가 없다. 정상적인 경제적 삶에서는 사적 재산만이 그런 기능을 충족할 수 있다.

물론 사적 재산만으로는 충분하지 않은데, 이에 덧붙여 정치를 '위해' 살고자 하는 자는 경제적으로 '속박되지 않아야' 한다. 달리 말하면 '여유가 있어야'abkommlich 한다. 이것이 의미하는 바는 생계를 유지하는 일에 자신의 생각과 생산적 에너지 모두 혹은 상당 부분을 지속적으로 쏟아 넣지 않고도 수입을 확보할 수 있어야 한다는 것이다. 이런 의미에서 경제활동에 묶여 있지 않은 가장 완벽한 경우는 금리 내지 지대 생활자, 즉 완전한 불로소득 생활자이다.

이 불로소득의 원천은 과거의 영주와 오늘날의 대지주 및 귀족의 경우처럼, 지대일 수 있다. 고대 및 중세의 경우 노예와 농노를 빌려주고 받는 대금도 여기에 포함할 수 있다. 아니면 유가 증권이나 이와 유사한 근대적 투자 소득이 그 원천일 수 있다.

노동자는 물론이고 (특히 주목할 만한 사실인데) 기업가, 특히 근대적 대기업가도 방금 언급한 금리생활자가 누리는 것과 같은 여유를 가지고 있지 않다. 왜냐하면 기업가야말로 자신의 기업에 얽매어 있으며 경제활동에서 벗어날 수 없기 때문이다. 산업 분야 내지 상업 분야의 기업가는 (계절적 요인을 갖는 농업 분야 기업가보다) 더욱 그렇다. 대개의 경우 기업가는 잠시라도 자기 역할을 남에게 맡기기 어렵다.

의사의 경우도 마찬가지다. 그가 유명하고 바쁠수록 더욱 그렇다. 이 점에서 변호사들은 사정이 나은데, 그것은 전적으로 변호사 업무가 갖는 운영 기술상의 특징에서 비롯된다. 이런 이유에서 변호사는 직업 정치가로서는 다른 직종과 비교할 수 없을 만큼 큰 역할, 때로는 지배적인 역할을 해올 수 있었다. 이런 사례들을 계속 이야기할 필요는 없는데, 다만 지금까지의 고찰을 통해 얻은 몇 가지 함의에 대해서만 분명히 해두자.

(경제적 의미에서) 정치에 의존해 사는 사람들이 아니라 전적으로 정치를 위해 사는 사람들에 의해 국가나 정당이 운영된다는 것은 필연적으로 정치 지도층이 '금권정치적으로'plutokratische 충원된다는 것을 의미한다. 이렇게 말한다고 해서, 그 반대도 사실이라는 것은 물론 아니다. 다시 말해 금권정치적으로, 즉 자산가들에 의해 국가가 운영된다고 해서 이런 정치적 지배 계층이 정치에 '의존해서' 살 생각, 즉 자신의 정치적 지배를 사적인 경제적 이익을 위해 활용하지 않았다는 것은 아니다. 당연히 활용했다.

사실 어떤 식으로든 자신의 지배권을 경제적 이익을 위해 활용하지 않은 지배 계층은 지금껏 없었다. 따라서 금권정치에 대한 앞의 명제가 의미하는 바는 단지 다음과 같은 사실일 뿐이다. 즉, 재산이 없는 정치가는 어쩔 수 없이 자신의 정치 활동에 대해 직접적인 경제적 보상을 추구하지 않을 수 없는 반면, 금권정치적 조건을 갖춘 직업 정치가의 경우는 그럴 필요가 없다는 것이다.

그렇다고 해서 사적 재산이 없는 정치가가 정치를 통해 자신의 경제적 생계 확보만을 염두에 두고 있을 뿐 '대의'에는 전혀 혹은 주된 관심이 없다는 말은 아니다. 이보다 더 잘못된 생각은 없을 것이다. 경험을 통해 우리는, 자산가들이 의식적으로든 무의식적으로든 자기 생활의 경제적 '안정성'을 그의 인생 설계에서 최우선적으로 고려한다는 것을 안다. 거꾸로 재산이 없고 따라서 기존의 경제체제의 존속을 바라지 않는 집단에 속하는 계층이야말로 — 물론 이 계층만 전적으로 그런 것은 아니지만 — 가장 철저하고 절대적인 정치적 이상주의의 주창자들일 수 있다. 비정상적인 시기, 즉 혁명적 시기에 특히 그러하다.

따라서 재산이 없는 정치가에 대한 앞의 언급이 단지 의미하는 바는, 만약 우리가 정치 지망생이나 지도층 혹은 그의 추종자들을 비금권적인 방식으로 충원하고자 한다면 당연한 전제 조건은 이 지망생들이 정치 활동을 통해 정기적으로 확실한 수입을 얻어야 한다는 것이다. 정치는 '명예직으로' 수행될 수도 있다. 이럴 경우 정치는 흔히 말하듯 '남에게 의존하지 않아도 되는' 사람들, 즉 자산가나 특히 금리생활자에 의해 수행된다. 그러나 재산이 없는 사람들에게도 정치적 지도층의 길을 열어 주고자 한다면 이들은 보수를 받아야 한다.

정치에 의존해 사는 직업 정치가는 두 형태를 갖는다. 하나는 특정 업무에 대한 대가로 수고비나 뇌물처럼 불규칙하고 탈법적인 형태의 수입을 얻는 경우다. 다른 하나는 고정된 급여와 같이 화폐 형태의 봉급을 받을 수도 있다. 물론 둘 다 받을 수도 있다.

정치에 의존해 사는 직업 정치가가 '사업가'Unternehmer적 성격을 띨 수도 있다. 가령 과거의 용병 대장이나 [관직을 빌려주거나 팔았던] 관직 관리인 또는 [오늘날 볼 수 있는] 미국의 보스14)가 그런 예이다. 미국의 보스는 자신의 비용 지출을 일종의 자본 투자로 간주하고 이 투자가 이윤을 남기도록 영향력을 행사한다. 혹은 오늘날의 기관지 편집자나 정당 소속 비서관, 장관이나 정무직 관료 등처럼 고정된 급여를 받을 수도 있다.

과거에는 군주나 승리한 정복자, 성공한 도당의 수령 등이 자신의 추종자들에게 제공한 전형적인 보상으로 봉토, 토지 증여, 이런저런 종류의 봉직 그리고 화폐경제가 발전한 뒤에는 봉록 등이 있었다. 오늘날의 정당 지도자들이 충직한 봉사에 대한 보상으로 배분하는 것은 정당, 신문사, 협동조합, 건강보험공단, 지방자치단체, 국가기관 등에 있는 모든

---

14) 여기에서 '보스'boss란 통속적인 의미의 '우두머리'를 뜻하는 것이 아니라 미국 정당정치의 특징을 나타내는 핵심 개념의 하나다. 이때 보스란 정당의 지방 조직을 장악한 실력자로서 공식적인 책임은 지지 않으면서 인사권 행사나 이권 개입과 같은 방식으로 영향력을 발휘하는 사람을 가리킨다. 이에 대해서는 미국 정당 체제의 특징을 설명하고 있는 이 책의 2장 4절에서 좀 더 자세히 다루고 있다.

종류의 관직들이다.

정당 간의 모든 투쟁은 [대의라고 하는] 본질적 목표를 위한 투쟁인 동시에 관직 수여권을 위한 투쟁이기도 하다. 예컨대 독일에서 지방분권주의자와 중앙집권주의자 간의 모든 투쟁은 어느 파, 즉 베를린파, 뮌헨파, 칼스루에파, 드레스덴파 가운데 어느 파가 관직 수여권을 장악할 것이냐를 두고 벌어지는 투쟁이다.

정당들은 관직의 몫이 줄어드는 것을 자신들의 본질적인 목표를 실현하지 못하는 것보다 더 심각하게 받아들인다. 프랑스에서는 정부의 정책 프로그램이 그저 그런 상투어들의 나열이라는 의미밖에는 갖지 못했는데, 그러다 보니 [정권이 교체되었을 때] 정부의 정책 프로그램이 어떻게 달라지느냐보다 도지사Prefect 자리가 누구에서 누구로 바뀌느냐 하는 것을 더 큰 변화로 간주했으며, 또 더 큰 소동을 야기했다.

몇몇 정당들은 순전히 관직 사냥을 추구하는 정당이 되어버렸고 득표 가능성에 맞춰서 자신들의 핵심 정강도 바꾸어버렸다. 헌법 해석을 둘러싼 [연방주의자와 반연방주의자 간의] 오랜 대립이 사라진 뒤의 미국 정당들이 특히 그러했던 것으로 유명하다.

스페인에서는 최근까지도 양대 정당이 위에서 '선거'를 조작해 정해진 주기에 따라 서로 정권을 교체했는데, 이것 역시 자신의 추종자들에게 관직을 제공하기 위한 것이었다. 스페인 식민지령 국가들에서는 이른바 '선거'와 '혁명' 모두 (승자들이 배불리 먹기를 바라는) 국가의 여물통[관직]을 차지하려는 것과 늘 관련되어 있다.

스위스의 정당들은 득표 비례성의 원칙에 따라 관직을 서로 사이좋게 할당한다. 그리고 독일의 상당수 '혁명적' 헌법 초안들, 이를테면 바덴[15]의 1차 헌법 초안은 이 관직 할당제를 장관직으로까지 확대하고자 했다. 이는 국가와 관직을 순전히 이권 분배 수단으로 취급하겠다는 것과 다름없는 일이었다.

특히 가톨릭중앙당Zentrumspartei은 이 초안을 열렬히 지지하면서 업적에 관계없이 종파에 따라 관직을 득표 비율대로 배분하는 것을 심지어 강령에 넣었다. 이런 경향은 관료제가 일반화됨에 따라 관직의 수가 증대하고, 관직이 매우 안정된 생계 수단의 한 형태가 되었으며, 모든 정당들이 그것을 얻고자 하는 욕구를 키움에 따라 강화되었다. 그리하여 사람들은 점점 더 정당을 관직 획득의 도구로 간주하게 되었다.

5. 직업으로서의 관료

다른 한편 이 모든 경향을 상쇄하는 대조적인 경향이 있는데, 그것은 근대적 관료층의 발전에서 볼 수 있다. 이들은 장기간의 예비교육을 통해 전문적 훈련을 받은 고급 정신노

---

15) 바덴Baden은 독일연방에 소속된 주권국이었다가 마지막 대공인 프리드리히 2세가 1918년 폐위됨에 따라 독일의 주로 편입된, 라인강 동쪽의 독일 남서부 지역을 가리킨다. 오늘날에는 행정적으로 바덴뷔르템베르크주에 소속되어 있다.

동자로 발전했다. 이들은 정직성과 청렴성을 강조하는 직업 의식 내지 신분적 명예심ständischen Ehre을 가진 신흥 계급이다. [공무원이라는] 직업 정신이나 신분적 명예심이 없었더라면 필연적으로 이들은 엄청난 부패와 저속한 속물근성의 지배를 받았을 것이다. 그간 국가의 경제적 역할이 지속적으로 증대해 왔고, (특히 사회주의의 흥기와 더불어) 앞으로도 계속 증대할 것임을 고려하면 국가 관료의 부패와 속물근성은 국가 자체의 작동을 멈추게 할 정도로 위험하다.

종신직 직업 공무원이 없었던 미국의 경우 과거에는 대통령 선거 결과에 따라 수십만 명의 관리들을 — 심지어는 우편 배달부에 이르기까지 — 갈아치우는 약탈 정치가들의 아마추어 행정이 지배했다. 그러나 이런 아마추어 행정은 [펜들턴법 Pendleton Act이라고도 불리는 1883년의] 공무원 제도 개혁에 의해 이미 오래전에 큰 변화를 겪었다. 이는 순전히 행정을 관리하는 데 있어서의 기술적인 불가피성 때문에 나타난 결과이기도 하다.

유럽에서는 거의 500여 년에 걸쳐 서서히 노동 분업화된 전문 관료층이 발전했다. 이탈리아의 도시국가에서는 시뇨리아Signorien[라고 불리는 일종의 통치기관]에서 시작되었다.[16) 군

---

16) 시뇨리아는 14~15세기 북부·중부 이탈리아 도시국가들에서 성립된 통치 체제인데, 『경제와 사회』에서 베버는 이를 "임명된 관리들에 의한 합리적 행정 체제를 도입한 유럽 최초의 정치권력체"라고 정의했다. Peter Lassman and Ronald Speirs eds., *Weber: Political Writings*, Cambridge University Press, 1994, p. 322에서 재인용.

주제 국가 중에서는 [프랑스를 대표적인 사례로 하는] 노르만 정복 국가들이 그 시초였다. 결정적인 조치들은 군주의 재정 분야에서 취해졌다. 막시밀리안 황제 때의 행정 개혁 사례를 보면 당시 극도로 재정 압박이 심했고 오스만튀르크의 압박이라는 역경[17] 속에서도 재정 분야에서 군주의 권력을 제한하는 힘든 일이 이루어졌음을 알 수 있다. 기사도 정신에 경도되어 있던 군주의 아마추어리즘에도 불구하고 재정 분야 개혁을 이룬 것이다.[18]

전쟁 기술의 발전은 전문 장교를 낳았다. 사법 절차의 정교화는 훈련된 법률가를 낳았다. 16세기에 들어와 발전된 국가에서는 이 세 분야, 즉 재정·군사·법률 분야에서 전문 관료제가 완전히 정착된다. 그리고 이 전문 관료층은 특권적 신분 계층에 대한 군주의 승리를 가능하게 했다. 다른 한편 절대군주는 신분 계층에 대해 승리를 거두자마자 자신의 절대적 지배권을 서서히 전문 관료들에게 넘겨주지 않을 수 없었다.

전문적 훈련을 받은 관료 계층의 부상과 함께 [국가행정의 총책임을 맡는 '총리대신'과 같은] '지도적인 정치가들'leitenden Po-

---

17) 당시 오스만제국의 확장은 최고도에 달해서 1529년에 이르면 헝가리가 점령당하고 빈Wien은 포위 상태에 처하게 된다.

18) 기사도 정신에 대한 막시밀리안 황제Maximilian I(1459~1519)의 열정은 유명하다. 그래서 그는 '마지막 기사'라는 별칭을 얻었고 기사다운 행동을 찬양하는 장편 서사시를 쓰기도 했다. Owen and Strong eds., *The Vocation Lectures*, p. 44 참조.

litiker의 발전도 — 전문 관료층의 발전보다는 훨씬 눈에 덜 띄는 과정이기는 했지만 — 진행되었다.

물론 예로부터 세계 어느 곳에서나 실질적으로 막강한 권력을 행사하는 군주의 자문관들이 있었다. 예컨대 동방에서는 통치의 결과에 대한 개인적 책임으로부터 가능한 한 술탄을 보호하기 위해 '대재상'Großwesirs이라는 전형적 인물이 만들어졌다. 서양에서는 칼 5세 시대[1519~58년] — 이때는 마키아벨리의 시대인데 — 에 처음으로 외교술이 의식적으로 교육되는 하나의 기술이 되었으며, 이 과정은 그 당시 외교 전문가들이 애독했던 베네치아 공사관 보고서들에서 영향을 받았다. 대개 인문주의 교육을 받은, 이 기술의 대가들은 비법을 전수받은 집단으로 서로를 대했는데, 이것은 마치 오래전 [기원전 403년부터 기원전 221년 사이] 중국의 전국시대戰國時代에 문인 정치가들이 그랬던 것과 흡사했다.

국내 정치를 포함해 정치 전반을 한 사람의 지도적인 정치가가 체계적으로 지휘해야 할 필요성은 입헌제가 발전함에 따라 비로소 본격적으로 그리고 불가피하게 대두했다. 물론 그 전에도 그런 유의 인물이 형식적으로는 군주의 자문역이지만 실질적으로는 왕국의 통치자Leiter 역할을 하는 경우가 흔했다. 하지만 정작 행정 기구들의 조직화는, 가장 발전된 국가에서조차 처음에는 다른 경로를 걸었다. [맨 처음] 최고 행정 기구는 [공동의 목적을 위해 협력하는 구성원들이 동등한 발언권을 갖는] 집단지도Kollegiale의 원칙[19] 위에서 세워졌다.

이론상으로나 실제적으로나 이 기구들은 (그 빈도가 점차 감소하긴 했으나) 소집 결정권을 가진 군주가 직접 주재하여 회의를 했다. 결정은 군주가 내렸다. 하지만 이 집단지도체제에서 전문적인 판단을 필요로 하는 사안이 등장하고 이를 둘러싼 의견 대립은 물론, 다수파와 소수파의 전략적 행위가 반복되면서, 군주는 자신이 점점 더 아마추어의 지위로 전락하는 것을 깨닫게 되었다.

이 때문에 군주는 ('내각'Kabinett이라고 하는) 순전히 사적으로 충성하는 심복들을 거느리게 되었고, 이 내각을 통해 [집단지도체제적 성격을 띠는] 최고 행정 기구가 전문적인 사안으로 그에게 가해 오는 압박을 견제하고자 했다. 군주는 내각에 자신의 결정을 위임했고 이를 통해 국가추밀원Staatsrat — 다른 곳에서는 다른 이름으로 불릴 수도 있지만 — 과 같은 최고 행정 기구의 결정에 대응해 자신의 권력을 유지했다.

전문 관료층과 전제적 통치권 사이의 이런 갈등은 어디에서나 잠재해 있었다. 이런 상황은 의회가 등장하고 의회 내정당 지도자들Parteiführer이 권력을 장악하고자 하면서부터 달라졌다. 변화의 결과는 외견상 모든 나라에서 동일할지 몰라도 그것을 이끈 조건들은 매우 다양했다. 당연히 거기에는

19) 동등한 발언권을 갖는 구성원들의 합의제 형식으로 운영되는 체제에 대한 베버의 논의는 『경제와 사회』 3장 8절에서 볼 수 있는데, 프랑스의 참사원Conseil d'Etat, 영국의 추밀원Privy Counsil, 청나라의 총리아문總理衙門 등이 대표적인 예이다. 베버가 가장 최근의 예로 든 것은 독일 혁명 당시의 '노동자-병사 평의회'다. 이 위원회 구성원들이 모두 서명해야 법령은 공식적 효력을 가졌다. Lassman and Speirs eds., *Weber: Political Writings*, p. 323 참조.

일정한 차이가 있었다.

이를테면 왕실이 실제 권력을 확고히 장악한 경우 — 독일이 대표적인데 — 는 어디서나 군주의 이해관계와 관료층의 이해관계가 견고하게 결탁해 의회의 권력 추구 노력에 대항했다. 관료들은 장관직 같은 고위직도 자신들이 차지하고자 했고, 그래서 그런 고위직으로 올라가는 것이 관료 승진의 정상 경로가 되기를 바랐으며, 군주는 그 나름대로 자신에게 충성하는 관료들 가운데 자신의 재량에 따라 장관을 임명하고자 했다.

이 양자의 공통 관심사는, 서로 단합된 힘으로 의회에 대처하는 데 있었고 그러기 위해서는 집단지도체제를 해체하고 한 명의 수반이 이끄는 내각으로 대체하는 것이 필요했다. 정당들 사이의 당파적 갈등을 초월해 그 상위의 존재가 되기 위해서도 군주는 자신을 보호할 책임 있는 인물이 필요했다. 즉 의회에 나가 답변하고 의회에 반론을 제기하며 정당들과 협상할 수 있는 한 사람에게 그 역할을 맡겨야 했다. 군주와 관료층의 이해관계는 한 방향으로 모아졌는데, 그것은 곧 관료들을 통일된 방향으로 지도하는 총리대신führender Beamtenminister의 출현이었다.

영국처럼 의회가 군주보다 우세한 지위를 획득했던 경우에는 의회 안에서 단합된 권력을 만들어 내는 경향이 더욱 강력하게 나타났다. 이곳에서는 한 명의 의회 지도자, 즉 '리더'leader를 수반으로 하는 '내각'이 모든 권력을 가진 위원회가 되었다. 내각은 법률에 따른 형식적 존재가 아니라 현실의 정치권력을 쥐고 있는 실체였다. 달리 말해 권력은 그 시점에서 의회 다수를 장악하고 있는 정당의 몫이었다.

실질적 지배권을 가진 정당과 상관없이, [추밀원처럼] 그 전부터 있었던 형식적 집단지도체제는 정부를 운영하는 일에 있어서 아무런 영향력도 발휘할 수 없었다. 그 대신 대내적으로 권력을 유지하고 대외적으로 외교를 이끌기 위해 집권당이 필요로 한 것은 강력하고 믿을 만한 권력 기구였다. 그것은 집권당 소속의 지도적 인물들로 구성된 내각이자, 사실상 일반 여론, 특히 의회를 상대로 모든 결정에 대해 책임질 수 있는 지도자, 즉 총리였다.

이런 영국식 체제는 후에 의원내각제의 형태로 대륙에 전파되었다. 단지 미국 및 미국으로부터 영향을 받은 민주주의 체제에서만 이런 의원내각제와는 전혀 다른 체제가 대안으로 자리 잡았다. 미국식 체제에서는 정당이 그 후보를 선발하고 국민이 참여한 직접선거에서 승리를 거둔 지도자가 자신이 임명하는 관료 기구의 수반이 된다. 그는 단지 예산과 입법사항에서만 의회의 동의를 필요로 할 뿐이다.

근대적 정당 체제는 권력을 얻기 위한 투쟁 내지 권력을 다루기 위한 방법의 발달을 가져왔다. 그에 따라 정치라는 일은 이제 [권력을 다루는 방법을 익히는] 훈련을 필요로 하는 '업무'Betrieb로 발전하게 되었다. 그 결과 공적 기능이 두 개의 뚜렷한 범주로 나뉘었다. 비록 두 범주 간의 차이가 그렇게 절대적인 것은 결코 아니지만 말이다. 그 하나는 전문 관료 Fachbeamte이고 다른 하나는 '정무직 관료'politische Beamte이다.

본래적 의미에서 '정무직' 관료의 특징은 보통 다음과 같다. 그는 언제든 임의로 전직되고 해임될 수 있으며 또한 '휴직에 처해질' 수도 있다. 프랑스의 지방장관과 그에 상응하는 다른 나라들의 행정 관료가 그러하다. 이들은 사법 관료들의 '독립성'과 극단적인 대조를 이룬다.

영국의 경우에는 다수당, 즉 내각이 바뀌면 관직에서 사임하는 관료들이 있는데 이들이 그런 범주에 속한다. 특히 '내정'inneren Verwaltung을 담당하는 정무직 관료가 이 범주에 속한다. 그의 업무가 가진 '정치적' 요소는 무엇보다도 내부 '질서'Ordnung의 유지, 즉 기존 지배 체제의 유지라는 과제에 있었기 때문이다.

프로이센에서는 푸트카머 법령[20]에 따라 이들 정무직 관료 역시 문책을 면하기 위해 '정부의 정책을 대변'해야만 했으며, 프랑스의 도지사와 마찬가지로 선거에 영향을 끼치기 위한 관의 도구로 이용되었다. 다른 나라의 경우와는 대조적으로, 독일식 체제에서는 대부분의 정무직 관료들은 다른 관료들과 마찬가지의 자격 조건을 갖춰야 했다. 정무직이든 아니든 관료가 된다는 것은 대학 교육, 전문 시험 및 일정한 수습 근무를 그 조건으로 했기 때문이다.

독일에서 근대적 전문 관료층의 자격 조건을 갖추지 않은 유일한 층은 정치적 수장인 장관들뿐이다. 가령 구체제하에서는 고등교육을 전혀 받지 않고서도 프로이센의 문화부 장

---

20) 프로이센 내무부 장관이었던 로베르트 빅토어 폰 푸트카머Robert Viktor von Puttkamer가 주도한 공무원 개혁 법안으로 1882년 1월에 공포된 이 법안에 따르면 공직자들은 선거 결과 누가 집권하는가에 상관없이 정부 정책을 뒷받침하겠다는 공직 선서를 의무적으로 해야 했다.

관이 될 수 있었다. 반면에 고위 공무원Vortragender Rat이 되려면 원칙적으로 규정된 시험을 거쳐야만 했다. 그래서 알트호프가 프로이센 교육부 장관이었던 시절에 우리가 볼 수 있었듯이 전문 훈련을 받은 실무 국장Dezernent과 고위 공무원은 당연히 그 분야의 실제적이고 기술적인 문제들에 대해 자신의 상관[장관]보다 훨씬 더 정통했다.[21]

영국에서도 사정은 다르지 않았다. 모든 일상적 행정 사안에서는 [장관보다] 고위 공무원이 더 막강했다. 이것이 반드시 불합리한 일만은 아니었다. 그도 그럴 것이 장관이란 정치적 권력관계의 대표자일 뿐이며, 그는 이 권력관계에서 나오는 정치적 기준을 대변하고, 그에 따라 자기 휘하 전문 관료들의 제안을 검토해 그들에게 적절한 정치적 성격의 지시를 내리는 일을 업무로 삼고 있기 때문이다.

민간 경제조직에서도 사정은 비슷하다. 기업 경영에서 본래 '주권자'라야 할 주주총회는, 전문 관료의 지배를 받는 '나라'의 군주처럼, 영향력이 없다. 기업 운영을 결정하는 것은 은행의 통제 아래 있는 '감독이사회'인데, 주주들은 기업 운영의 방향을 결정하는 데 자신의 역할을 한정할 뿐, 실질적인 기업 운영은 임원들에게 위임한다.

---

21) 프리드리히 알트호프Friedrich Althoff는 수단과 방법을 가리지 않고 이기고자 하는 기질을 가진 장관으로 프로이센 정부의 중심인물로서 화려한 경력을 누렸다. 교육부 장관 시절 독일 고등교육 체계를 대대적으로 확대한 것으로 유명하다. Reitter and Wellmon eds., *Charisma and Disenchantment: The Vocation Lectures*, p. 129의 각주 18 참조.

이 점에서는 현재 [1917년 혁명 이후 러시아 소비에트나 1918년 11월 독일혁명 과정에서 출현한 노동자-병사 평의회 같은] 혁명국가에서도 근본적으로 새로운 것이 없다. 기관총을 쥐고 있는 아마추어 권력자들은 정부 운영을 전문적 훈련을 받은 관료들에게 위임해 왔고, 점차 이들을 행정 집행을 위한 두뇌와 수족으로 활용하려 했기 때문이다.[22] 이런 [혁명적 사회주의] 체제가 안고 있는 어려움은 다른 곳에 있는데, 그 문제는 오늘 말고 다른 기회에 다루겠다.

6. 정치 주변의 직업 집단들

이제부터는 직업 정치가들의 전형적인 특징을 — '지도자들'과 그 추종자들Berufspolitiker을 포함해 — 논의해 보고자 한다. 이 특징은 변화해 왔고 또 오늘날에도 매우 다양한 모습을 띠고 있다.

앞에서 보았듯이, 과거의 '직업 정치가들'은 자립적인 신분 귀족과 군주의 투쟁에서 군주를 편들면서 발전했다. 이런 직업 정치가들의 주요 유형을 간략히 살펴보자.

신분 귀족과의 투쟁에서 군주는 정치적으로 활용 가능한

22) 1918년에서 1919년 사이에 존재했던 노동자·병사 소비에트 체제는 전통적 행정 기관들과 관료들의 기능을 허용했지만 동시에 그들을 감시·감독할 대표들을 파견했다. 같은 책, p. 49 참조.

다른 계급들과 계층들에 의존해야 했다. 우선 성직자Kleriker 계급이 있었다. 중세의 기독교 국가뿐만 아니라 인도, 인도차이나, 불교가 지배하던 시대의 중국과 일본, 라마교국인 몽골에서도 모두 마찬가지로 성직자 계급은 정치적으로 활용되었다. 그것은 성직자들이 문자를 해독할 수 있다는 기술적인 이유 때문이었다. 바라문승·불교승·라마승 등을 불러들인다거나 주교와 사제를 정치 고문으로 채용한 것은 어디서든 같은 이유에서였다. 그것은 황제나 군주 혹은 [유목국가의 군주] 칸이 귀족 신분층과 벌이는 투쟁에서 문자 해독 능력을 가진 행정 요원들이 필요했기 때문이다.

봉건 가신들과는 달리 성직자, 특히 독신 성직자는 정치적이고 경제적인 이해관계가 걸린 음모로부터 벗어나 있었다. 자신의 후손을 위해 군주와 다퉈서라도 독자적 정치권력을 확보하려는 유혹에 빠지지도 않았다. 그리고 성직자는 그의 신분적 특성 때문에 행정에 필요한 수단으로부터 '분리'되어 있었다.

두 번째 계층으로는 인문교육을 받은 '문인층'이 있었다. 군주의 정치적 조언자, 특히 그의 비망록 작성자가 되기 위해 사람들이 라틴어로 된 연설문 작성법과 그리스어로 된 운문 작성법을 배우던 시기가 있었다. 이때는 인문학자 양성 교육기관과 대학 내 왕립 '시학' 강좌가 처음으로 꽃핀 시기였다. 독일의 경우 이 시기는 곧 끝나 버렸고, 정치적으로도 그다지 깊은 영향을 미치지 못했지만, 교육제도에는 오랫동안 지속적으로 영향을 미쳤다.

동아시아의 경우는 사정이 달랐다. 중국의 고위직 문관

(만다린)은 처음 등장했을 때부터 서양 르네상스 시대의 인문주의자와 거의 유사했다. 즉, 그들은 예로부터 전수되어 온 고전 문학에 대해 인문주의 교육을 받고 또 시험을 통과해야 했다. 여러분이 [중국 청나라 말의 정치가] 이홍장의 비망록을 읽게 된다면, 그만 해도 아직 자신이 시를 짓고 서예에 능하다는 것을 아주 자랑스럽게 여겼음을 알 수 있을 것이다. 고대 중국에서 발원한 관습을 따랐던 이 계층은 계속해서 중국의 운명을 지배해 왔다. 만약 우리 독일의 인문주의자들도 그들처럼 확고한 영향력을 갖는 데 성공했더라면 독일의 운명도 비슷했을지 모른다.

세 번째 계층으로는 궁정 귀족을 들 수 있다. 신분 귀족들의 정치권력을 박탈하는 데 성공한 이후 군주들은 귀족들을 궁정으로 끌어들여 정치적·외교적 업무에 활용했다. 17세기 독일의 교육제도에 큰 변화가 있었는데, 그 요인 가운데 하나는 이들 궁정 귀족 출신의 직업 정치가들이 군주에게 봉사함으로써 [정치에서] 인문주의 교육을 받은 문인들의 자리를 없앴다는 데 있다.

네 번째 계층은, 영국 특유의 현상으로서, 소귀족과 금리생활자를 포함하는 도시귀족Patriziat이었는데 전문용어로는 '젠트리'gentry라고 불렸다.[23] 애초에 군주는 남작 계급에 대항하기 위해 이 젠트리 계급을 끌어들였다. 그런 이유로 이들에

---

23) 중세 후기 영국에서 출현한 중산층 내지 하급 지주 계층으로, 통상적으로는 귀족보다 낮고 독립자영농민보다 높은 층을 가리킨다.

게 '지방정부'self-government의 관직 소유권을 수여했는데, 결국 나중에 가서는 점차 이들에게 의존하지 않을 수 없었다. 이들은 사회적으로도 영향력을 얻으려고 했기 때문에 지방 행정의 모든 관직을 무보수로 떠맡았다. 그리하여 이들은 다른 모든 유럽 대륙 국가들의 운명이 되었던 관료제화로부터 영국을 지켜 냈다.

다섯 번째 계층은 서양, 특히 유럽의 대륙 본토에 특유한 계층인, 대학 교육을 받은 법률가들이다. 이들은 정치 구조 전반에 걸쳐 결정적으로 중요한 역할을 했다. 후기 로마의 관료화된 국가 아래에서 크게 발달한 로마법은 강력하고도 장기적인 효과를 가졌다. 정치 관련 기구와 조직이 합리적 국가rationalen Staat의 방향으로 발전하는 과정에서 있었던 모든 혁명적 변화를 숙련된 법률가들이 주도했다는 사실만큼, 그 효과를 더 분명히 보여 주는 증거는 없다. 대규모의 전국적 법률가 길드들이 로마법의 수용을 방해했던 영국의 경우도 사정은 다르지 않았다.

[서양이 아닌] 세계의 어느 지역에서도 그 유사한 사례는 찾아볼 수 없다. 이슬람 세계에서 오래전 성취했던 그 모든 법률적 사고의 정교화에도 불구하고, 그리고 인도의 미맘사 Mimamsa학파[24]가 가졌던 합리적·법률적 사고의 그 모든 맹

---

24) 기원전 4세기 자이미니Jaimini를 시조로 등장한 인도의 6대 철학 학파 중 하나. 베버가 미맘사학파를 특별히 언급하는 이유는 신성한 의식과 법의 의미를 합리적으로 설명하려 한 대표적인 초기 사례였기 때문이다. Lassman and Speirs eds., *Weber: Political Writings*, p. 328 참조.

아에도 불구하고, 결국엔 신학적 사고방식이 합리적·법률적 사고를 압도해 버리고 말았다. 무엇보다도 그들의 경우 소송 절차가 충분히 합리화되지 못했다.

[서양에서] 합리적 법 이론은 다음과 같은 상황에서 온전히 그 모습을 드러냈다. 첫째는 고대 로마 법학(이것은 도시국가에서 세계 제국으로 올라설 수 있었던 지극히 독특한 성격의 정치체제가 낳은 결과다)이 이탈리아 법률가들에 의해 수용되었을 때이다. 둘째는 중세 후기 로마법 학자 및 교회법 학자들에 의해 '근대적 적용'Usus modernus[25)]이 이루어졌을 때이다. 셋째는 자연법 이론이 법률적·기독교적 사고로부터 탄생한 뒤 점차 세속화되는 상황에서다.

우리는 이런 합리적 법 이론의 탁월한 대변자들을 다음과 같은 역사적 사례에서 발견할 수 있다. 이탈리아 도시국가에서의 [선출직 최고 행정직으로서 고정된 임기와 급여를 보장받았던] 포데스타Podestat, 왕권이 봉건영주들의 지배를 타파하는 과정에 필요한 공식적 수단을 창출했던 프랑스의 왕실 법률가들, 교회법 학자들 및 [교황은 사제 중의 수석 사제일 뿐이며 종교회의가 최고의 권위를 가져야 한다고 주장했던] 공의회주의 운동 내의 자연법주의 신학자들, [유럽] 대륙 군주들의 궁정 법률가 및 박식한 법관들, 네덜란드의 자연법주의자들과 폭군방벌론자

---

25) 중세에 독일로 전해진 로마법이 17세기 초까지는 별다른 영향을 미치지 못하다가 그 뒤에 교회법 전문가를 포함한 법률가들에 의해 점차 근대적 필요에 맞게 재해석된 것을 가리킨다. Owen and Strong eds., *The Vocation Lectures*, p. 51 참조.

들monarchomachi,[26] 영국의 왕실 법률가 및 의회 법률가들, 프랑스 고등법원Parlamente의 법복귀족들noblesse de robe,[27] 그리고 끝으로 혁명기의 변호사들이 바로 그런 사례다.

이런 합리적 법 이론이 없었더라면 절대주의 국가도 탄생하지 못했을 것이며 혁명도 생각할 수 없었을 것이다. 만약 프랑스 고등법원의 진정서나, 16세기부터 혁명의 해인 1789년까지 프랑스 삼부회의 청원서를 들여다보면 여러분은 어디에서나 법률가 정신을 발견하게 될 것이다. 그리고 여러분이 프랑스혁명기 국민의회 구성원들의 직업 소속을 살펴본다면, 이들이 평등선거법에 의해 선출되었음에도 프롤레타리아는 한 명, 부르주아 기업가들은 극히 소수일 뿐, 나머지는 수많은 온갖 종류의 법률가들로 이루어져 있음을 발견하게 될 것이다.

이 법률가들이 없었다면 그 당시와 같은 급진적이고 지적인 주장과 제안은 생각할 수도 없었을 것이다. 프랑스대혁명 이래 근대적 법률가와 민주주의는 불가분의 관계가 되었다. 우리가 말하는 이 법률가 집단 역시 중세 이후 서양에서만 존재했다. 그들은 엄격한 절차와 형식을 중시한 게르만법하에서 변호사 내지 '법률 대리인'Fürsprech들에 의해 소송절차

---

26) 16세기 절대왕정 확립기 내지 종교전쟁 시기에 있었던 주장으로, 구교와 군주가 결합할 경우 그 군주는 인민과의 계약을 위반한 폭군이므로 살해하는 것도 정당하다는 논리를 펼쳤다.

27) 신흥 시민계급 출신 귀족으로, 봉건귀족에 대해 새로운 관료층을 형성해 프랑스 절대왕정의 기반이 되었다.

가 합리화되면서 하나의 독립 계급으로 발전하게 되었다.

정당이 출현한 이래 서양 정치에서 변호사가 중요한 위치를 점하게 된 것은 결코 우연이 아니다. 정당정치는 극히 단순화해 말하자면 이해 당사자에 의해 정치가 운영된다는 것을 뜻하는데, 그것이 어떤 결과를 낳는지에 대해서는 곧 살펴볼 것이다. 이해 당사자인 고객에게 유리하도록 소송을 이끌어 가는 것, 이것이 곧 숙련된 변호사의 직업적 능력이다. 이 점에서 변호사는 어떤 '관료'보다도 우월한데, 이는 [당시 독일의 전쟁 상대인 연합군을 가리키는] 적군의 프로파간다가 발휘했던 우월성을 경험하면서 알게 된 교훈이었다.[28]

확실히 그들 변호사의 손에서 논리적으로 취약한 사건(이런 의미에서 '나쁜'schlechte 사건)도 결국에는 성공으로 이어진다. 전문적인 용어로는 '좋게'gut 처리된다. 그러나 그는 또한 논리적으로 '강력한' 근거를 만들어 이의신청을 할 수 있는, 그리고 그런 의미에서 '좋은' 사건을 '유능하게' 처리할 수 있는 유일한 사람이기도 하다.

우리가 [전시의] 고통스러운 경험을 통해 뼈저리게 인식하게 되었듯이, 관료가 정치가로 행동하는 경우 그는 사안을 정치적으로 잘못 다룸으로써 앞서와 같은 의미에서 '좋은' 사안을 '나쁜' 사안으로 만들어 버린다. 그 이유는 오늘날의

---

28) 제1차 세계대전 당시 독일을 궁지에 몰아넣었던 연합국 진영의 선전 활동을 가리키는데, 특히 독일의 벨기에 침략이 국제법과 자결권을 침해한 것이라는 법리적 주장은 치명적이었다. Owen and Strong eds., *The Vocation Lectures*, p. 53 참조.

정치가 압도적으로, 공개적인 말과 글을 통해 이루어지기 때문인데, 말과 글의 효과를 신중히 다루는 것은 변호사의 업무 영역이지 전문 관료의 일은 분명 아니기 때문이다.

전문 관료는 데마고그가 아니며 데마고그의 기능을 하기 위해 만들어진 것도 아니다. 그럼에도 그가 데마고그가 되려 한다면 대체로 그는 매우 나쁜 데마고그가 되고 만다.

진정한 관료는 그의 본래적 사명에 비춰 볼 때 정치를 해서는 안 되고 단지 '행정'만 하게 되어 있으며, 무엇보다도 비당파적 자세로 행정을 해야 한다. 이 점은 독일의 과거 체제를 평가하는 데 결정적으로 중요하다. 이는 이른바 '정무직' 행정 관료들에게도 적용된다. 적어도 공식적으로는 말이다. '국가이성'Staatsräson에 위협이 되지 않는 한, 즉 기존 체제의 사활적 이해관계가 위협받지 않는 한, 관료는 늘 그래야 한다.

관료는 '분노도 편향성도 없이'Sine ira et studio[29] 자신의 직무를 수행해야 한다. 다시 말해 정치가, 지도자 및 그의 추종자라면 항상 그리고 불가피하게 하지 않을 수 없는 바로 그것, 즉 투쟁을 해서는 안 된다. 당파성, 투쟁, 열정 — 분노와 편향성 — 등은 정치가, 특히 정치적 지도자들이 활동하는 세계를 구성하는 요소들이기 때문이다.

정치 지도자의 행동은 관료와는 전혀 다른, 아니 그와는

---

29) 로마 역사가 타키투스Tacitus가 쓴 『연대기』*Annals*에 나오는 표현이다. 같은 책, p. 53 참조.

정반대되는 성격의 책임 원칙을 따른다. 관료의 명예는, 그가 보기엔 잘못된 명령을 그의 이의 제기에도 불구하고 그의 상급자가 고수할 경우, 그 명령자의 책임을 떠맡아 이 명령이 마치 자신의 신념과 일치하는 듯이 성심을 다해 정확히 수행할 능력에 기초하고 있다. 관료가 이런 규율을 따르지 않거나 자기 절제를 하지 못한다면 전체 국가기구는 붕괴하고 말 것이다.

이에 반해 정치 지도자, 즉 지도적 역할을 하는 정치가의 명예는 자신의 행위에 대해 전적으로 스스로 책임지는 것에 기초하고 있다. 그는 이 자기 책임을 거부할 수도, 다른 사람에게 전가할 수도 없으며 전가해서도 안 된다. 따라서 타고난 관료인 사람, 도덕적으로 높은 수준의 관료적 품성을 타고난 사람이야말로 나쁜 정치가일 수밖에 없으며, (책임 개념이 가진 정치적 의미를 기준으로 볼 때는) 무책임한 사람이고 그런 의미에서 도덕적으로 저열한 정치가들이다.

유감스럽게도 우리 독일에서는 계속 그런 종류의 정치가들이 지도적 위치를 차지해 오고 있다. 이것이 바로 우리가 '관료 지배'Beamtenherrschaft라고 부르는 것이다. 분명히 해둘 것이 있다. 내가 그런 체제가 성공적이었느냐를 기준으로 우리 체제의 문제를 평가하고 그것의 정치적 결점을 적나라하게 드러냈다고 해서, 우리 관료층의 명예를 더럽히고자 하는 의도에서 그런 것은 결코 아니라는 점이다. 아무튼 정치적 인물의 유형에 대한 이야기로 다시 돌아가 보자.

입헌 국가가 성립된 이래, 더욱이 민주주의가 도래한 이래 서양의 전형적인 정치 지도자는 '데마고그'이다. 이 말이 부정적인 느낌을 갖고 있다고 해서, 우리는 데마고그라는 명칭을 얻은 최초의 인물이 클레온[30]이 아니라 페리클레스였다는 사실을 잊어서는 안 된다. 페리클레스는 유일하게 선거로 뽑힌 최고사령관으로서 — 고대 민주주의에서 다른 모든 관직은 추첨으로 충원되었다 — 아테네 시민의 최고 의결 기구인 민회를 이끌 수 있었다.

오늘날의 대중 선동 역시 연설이라는 수단을 이용하며 (요즘 입후보자들이 해야 하는 선거 연설의 수를 고려하면) 그것도 양적으로 엄청나게 많이 이용한다. 그러나 그보다 훨씬 더 많이 지속적으로 사용되고 있는 수단은 글이다. 정치 평론가, 그리고 누구보다도 저널리스트는 오늘날 그 유형을 대표하는 가장 중요한 사람들이다.

이 강연의 틀 안에서 근대 정치 저널리즘의 사회학이라는 주제를 개관하기란 불가능하다. 왜냐하면 그 주제는 모든 면에서 그 자체로 하나의 독립된 주제이기 때문이다. 그러나 언급하지 않으면 안 되는 것이 몇 가지 있다. 저널리스트는 데마고그나 변호사 그리고 예술가와 마찬가지로 사회적 지위로서는 어떤 확고한 위치를 갖기 어려운 운명에 처해 있다는 점이다. 영국이나 과거 프로이센에서와는 달리 최소한 대륙의 경우, 변호사 집단의 상황도 다르지 않다.

'상류사회'guten Gesellschaft의 눈으로 볼 때 언제든 저널리

---

30) 클레온Cleon(?~B.C. 422). 아테네의 정치가로서 만년의 페리클레스를 공격하며 주목받았고 페리클레스가 죽은 뒤 그를 이어 지도자가 되었다.

스트는, 윤리적으로 가장 저열한 집단으로 평가되는, 일종의 따돌림받는 층에 속한다. 그래서 저널리스트들과 그들이 하는 일에 대해 좋지 않은 생각들이 만연해 있다. 진정으로 훌륭한 저널리스트의 업적은 어떤 학문적 업적 못지않게 상당한 '지적 정신'Geist을 필요로 한다는 것을 알고 있는 사람은 별로 없다. 특히나 학자와는 전혀 다른 조건, 즉 지시에 따라 즉시 작성되고 또 즉각적인 효과를 갖는 기사를 써야 한다는 사실을 감안해야 한다.

존경할 만한 저널리스트의 책임성 내지 책임감은 (전쟁을 경험하면서 우리가 알게 되었듯이) 학자보다 훨씬 크며 사실 평균적으로 봐도 학자보다 좀 더 높다는 사실은 거의 인정받지 못하고 있다. 물론 그 이유는 언론의 무책임한 행태 — 그리고 그것이 가져온 끔찍한 결과 — 가 사람들의 뇌리에 계속 들러붙어 있기 때문이다. 신뢰할 만한 저널리스트들이 다른 사람들보다 평균적으로 더 사려 깊다는 사실을 아무도 믿어주지 않지만, 사실 그들은 더 사려 깊다.

저널리스트라는 직업에 수반되는, 다른 직업과는 비교할 수 없을 만큼 강력한 유혹들과, 오늘날 저널리스트로서 활동하며 부딪치는 다른 여러 조건들 때문에, 일반 대중은 언론을 경멸스러움과 비겁한 소심함이 뒤범벅된 것으로 간주하기 쉽다. 이에 대해 우리가 어떻게 해야 할지에 관해서는 지금 이야기할 상황이 아니다.

여기서 우리의 관심사는 저널리스트라는 직업의 정치적 운명, 즉 이들이 정치 지도자 지위에 오를 기회가 있는가 하는 문제이다. 지금까지는 사회민주당 내에서만 그 가능성이 긍정적이었다. 그러나 이 당 안에서 [기관지] 편집자로서의 지위는 대부분 관료적 성격을 가졌고 그것이 정치 지도자로서의 지위Führerposition를 위한 토대를 만들어 주지는 않았다.

부르주아 정당들에서는 저널리스트로서의 경력을 통해 정치적 권력자의 지위에 오를 가능성이 이전 세대에 비해 작아졌다. 물론 모든 중요한 정치가는 언론의 영향력, 나아가 언론과의 연줄을 필요로 했지만, 사람들의 예상과는 반대로, 정당 지도자가 언론계에서 배출되는 것은 분명 예외적인 일이었다.

이는 저널리스트들이 자신의 업무로부터 여유를 누릴 기회가 그 전에 비해 급격히 줄어들었기 때문이다. 개인 재산이 없어서 직장에 예속된 저널리스트는 특히 그러하다. 이는 저널리스트가 이전보다도 엄청나게 집중적으로 일해야 하고 분초를 다투는 종류의 직업이 되었기 때문이다. 매일 또는 매주 기사를 써야만 생계를 유지할 수 있다면, 정치가에게 그건 어마어마한 부담이 아닐 수 없다. 이로 말미암아 지도자적 자질을 갖춘 인물들이 권력자의 지위에 오르는 과정에서 외적으로나 내적으로 부담을 이기지 못하고 좌절했던 사례를 나는 여럿 알고 있다.

구체제하에서 국가 내지 정당의 지배 권력과 언론의 유착 관계가 저널리즘의 질적 수준에 엄청난 해를 끼쳤다는 사실은 별도로 다룰 문제이다. 우리의 적국[인 연합국]에서 그 [언론과 권력의] 관계는 달랐지만, 그곳에서도 다른 모든 국가들에서처럼 유사한 경향이 나타난 것으로 보인다. 즉, 현직 저널리스트의 정치적 영향력은 점차 줄어든 반면 ([1908년 『타

임스』*The Times*를 인수한 영국의 대표적인 언론 재벌] 노스클리프 경 같은) 자본주의적 언론 재벌의 정치적 영향력은 꾸준히 증대하고 있다는 것이다.

잘 알겠지만 독일의 경우 '소형 광고' 위주의 신문들, 특히 '제네랄안차이거'Generalanzeiger라고 불리는 광고 위주의 신문들을 장악했던 대자본의 신문 재벌들은 정치적 무관심을 조장해 온 전형적인 매체였다. 이들이 독자적 정치 노선을 갖는다고 해서 얻을 만한 이익은 전혀 없었다. 정치 노선을 표방할 경우 지배 권력으로부터 상업적으로 유용한 특혜를 바랄 수 없었기 때문이다. 전시 동안 광고 사업은 언론에 막대한 정치적 압력을 행사하는 수단으로 사용되었고, 지금도 그런 것으로 보인다. 규모가 큰 주요 언론사들은 이런 압력을 거부할 수 있을지 모르나, 소규모 신문사들의 형편은 그렇지 못하다.

아무튼 오늘날 이 나라[독일]에서 저널리스트로서 경력을 쌓는 것은 정치 리더십으로 나아갈 수 있는 정상적인 경로는 아니다. 비록 저널리스트 경력이 다른 점에서는 매우 매력적일 수 있고, 또 정치에 영향을 미칠 가능성을 갖고 있으며, 다른 무엇보다도 정치적 책임성의 정도를 높이는 데 기여할 수 있더라도 말이다. 더는 그럴 가능성이 없을지 아니면 아직 그렇게까지 되지 않았는지는 좀 더 두고 볼 일이다.

[기사 작성에서 그간 지켜져 왔던] 익명의 원칙이 폐기되어야 한다는 주장을 — 전부는 아니지만 일부 — 저널리스트들이 지지하고 있는데, 이것이 상황을 어떻게 변화시킬지도 아직 판단하기 어렵다. 전시 동안 몇몇 독일 언론은 글 쓰는 재능

을 가진 사람들을 특별히 충원해 신문의 주간이나 주필로 앉히고 또 그들의 이름을 분명히 드러낸 글을 실었다. 불행하게도 잘 알려져 있는 수많은 사례들이 증명했던 것은, 사람들이 기대했던 것과는 달리 그래 봐야 그것은 높은 책임감을 배양할 수 있는 신뢰할 만한 방법이 되지 못한다는 사실이었다.

신문 구독 부수를 늘리기 위해 어떤 정견이든 상관없이 기명 기사를 통해 실제 그런 목표를 성취한 것은 대중지 가운데 가장 악명 높은 타블로이드판 신문들이었다. 관련자들, 특히 발행인들과 선정적 저널리스트들은 함께 큰돈을 벌었다. 하지만 그들이 명예도 얻었던 것은 분명 아니었다. 내가 지금 그런 [기명 기사 작성의] 원칙 자체를 반대하고 있는 것은 아니다. 이 문제는 매우 복합적이며, 또한 하나의 사례를 가지고 일반화해서도 안 된다.

지금까지 저널리즘은 진정한 면모의 리더십은 물론 정치에 대한 책임 있는 행동을 이끄는 길이 아니었다. 앞으로 상황이 어떻게 달라질지는 여전히 두고 봐야 하겠지만 말이다.

상황이 어찌되었든 아직도 저널리스트로서의 경력은 직업적 정치의 세계에 이르는 가장 중요한 길 가운데 하나로 남아 있다. 이 길이 아무나 갈 수 있는 길은 아니다. 나약한 성격의 소유자, 특히 신분적 지위가 보장된 조건에서만 내적 균형을 유지할 수 있는 그런 사람에게 이 길은 맞지 않는다. 젊은 학자의 경우, 비록 그의 삶 역시 요행에 좌우되기는 하지만, 그래도 그의 주변에는 확고한 신분적 관습들이 구축되어 있으며 이것들이 그를 탈선으로부터 보호해 준다. 그러나 저널리스트의 삶은 모든 면에서 도박 그 자체이다.

게다가 그것은 내적 안정감을 시험하는 — 다른 어떤 직업에서도 찾기 어려운 — 상황 속으로 자신을 밀어 넣는 삶이기도 하다. 그는 자신의 직업 생활에서 종종 쓰라린 경험을 했겠지만, 그게 끝이 아니라 더 심각한 상황에 부딪칠 수도 있다.

　특별히 힘든 내적 요구들에 대처해야만 하는 것은 사실 성공한 저널리스트들의 경우다. 그는 유력자들과 모임을 자주 갖고, 외관상 그들과 대등한 입장에 서있으며 흔히 모든 편으로부터 아부를 받는다. 왜냐하면 모두들 [성공한 저널리스트를] 두려워하니까. 그런 일이 별거 아닌 것은 아니다. 그러나 그는 자신이 방에서 나가기 무섭게 모임의 주최자가 남아 있는 손님들에게 왜 '불한당 같은 신문기자'Pressebengeln의 비위를 맞출 수밖에 없었는지 변명을 늘어놓으리라는 것도 빤히 알고 있다.

　이런 일을 내적으로 견뎌 내기란 결코 쉬운 일이 아니다. 그때그때 '시장'Markt이 요구하는 것은 물론 세상의 모든 문제에 대해 신속하고도 설득력 있게 자기 입장을 피력해야 하고, 그러면서도 볼품없이 천박해서는 안 되며, 무엇보다도 자기 약점이 노출되었을 때 체면이 손상되거나 그에 따른 냉혹한 결과를 피할 수 있어야 한다는 것도 쉬운 일이 아니다.

　이렇게 볼 때 인간적으로 길을 잃고 쓸모없어져 버린 저널리스트들이 많다는 것은 놀라운 일이 아니다. 오히려 놀라운 일은 그 모든 것에도 불구하고, 특히 이 분야에 진정성을 가진 소중한 사람들이, 외부인이 상상하는 것보다 훨씬 많다는 사실이다.

직업 정치가의 한 유형으로서 저널리스트들이 이미 상당히 오랜 전통을 가진 반면, 정당의 당직자黨職者나 당 관료들 Parteibeamten은 불과 지난 몇 십 년 내지 최근 수 년 사이에 비로소 나타났다. 이 인물 유형의 발전사적 위상을 이해하려면 정당 체제와 정당 조직의 문제를 먼저 고찰해야 한다.

2장
정당

1. 명사 정당 체제

정치적 결사체가 일정 규모가 되면, 그리하여 통치자를 정기적 선거를 통해 선출하고 소규모 시골 행정 자치체의 범위를 넘어서는 영토와 직무를 갖게 되면, 정치란 필연적으로 조직화의 문제와 다양한 특수 이익을 조정하는 일에 연루될 수밖에 없게 된다.

이것이 의미하는 바는, 정치적 삶을 사는 데 우선적 관심을 갖는(달리 말해 정치권력에 참여하고자 하는) 비교적 소수의 사람들이 공개적 모집 활동을 통해 추종자를 확보하고 선거에 스스로 후보로 나서거나 아니면 자신의 수하 인사들을 후보로 내세우고, 자금을 모으고 득표 활동에 나서게 된다는 것이다. 이런 조직적 활동 없이 국가라고 하는 대규모 결사체에서 선거가 제대로 치러질 수 있으리라고는 누구도 상상할 수 없다.

현실적 관점에서 볼 때, 그것은 투표권을 가진 모든 시민이 정치적으로 적극적인 집단과 정치적으로 소극적인 집단으로 분할된다는 것을 의미한다. [두 집단의] 이런 차이는 자발적인 것이기에 없앨 수 없다. 의무 투표제나 '직능대표제'와 같은 특별한 조치로도 없앨 수 없고, 직업 정치가에 의한 통치를 넘어서려는 그 어떤 시도를 통해서도 없앨 수 없다.

추종자를 적극적으로 모으려는 정치 지도자, 그리고 그 지도자가 선출될 수 있도록 자발적으로 나서서 소극적 유권자 집단의 지지를 모으고자 하는 추종자는 어떤 정당도 갖추지 않으면 안 되는 필수적인 요소이다. 그러나 정당의 구조는 다양하다.

예컨대 [교황 지지파를 의미하는] 겔프당Guelfen과 [황제 지지파를 의미하는] 기벨린당Ghibellinen 같은 중세 도시의 '정당들'은 순전히 개인적인 추종자들로 구성되어 있었다.[31] [1335년

---

[31] 현대 정당론 가운데 한 권의 저자인 조반니 사르토리는, 이 대목에서 겔프파와 기벨린파 등 근대 이전의 파벌을 정당으로 본 것은 베버의 잘못이라고 비판한다. 정당은 근대국가의 발전 과정에서 만들어진 새로운 현상인바, 근대 이전의 파벌 현상과 근대 이후의 정당 현상을 동일시할 수 없다는 것이다. 하지만 이 대목을 제외하면 베버의 정당론이야말로 고전의 반열에 들 만한 수준을 보여 준다고 사르토리는 평가한다. "제1차 세계대전 때까지 정당이라는 주제를 구체적으로 다룬 두 주요 인물은 오스트로고르스키와 미헬스였다. 두 사람의 견해는 상당한 차이가 있음에도 불구하고 그들은 정당이 하나의 하위 체계로서 민주주의의 이론과 실재에 어떻게 편입되는지를 다루지 못했다. 그보다는 정당의 비민주적이고 과두제적인 성격을 개탄하는 데 관심을 가졌다. 그들이 문제 삼은 것은 정당으로부터 나온 그리고 정당에 기초한 정치 체계로서 민주주의에 대한 것이 아니라, 정당 없는 민주주의 혹은 정당 내의 민주주의에 대한 것이었다. 미헬스는 자신의 저작을 '정당의 사회학'이라고 표방했다. 하지만 정당의 사회학을 창시한 인물은 미헬스가 아니라 베버였다. 베버는 정치 일반의 사회적 기반, 특히 정당의 사회적 기반에 대해 마르크스와 엥겔스보다 훨씬 정교했으며, 그 효과에 대한 통찰은 헤아릴 수 없을 만큼 정곡을 꿰뚫었다"(Giovanni Sartori, *Parties and Party Systems: A Framework for Analysis*, Cambridge University Press, 1976. p. 21).

처음 공표된] 겔프당의 규약에는 귀족층(본래는 기사 계층으로, 봉토를 수임받은 모든 가문을 가리킨다)의 투표권 및 관직 박탈, 재산 몰수 조항과 함께, 각 지역위원회를 연결하는 당 위원회, 밀고자에 대한 포상을 포함한 엄격한 군사 조직에 대한 항목을 발견할 수 있다.

이는 소비에트의 볼셰비즘을 연상시킨다. 볼셰비즘 역시 엄격한 선발을 거친 군사 조직 및 (특히 러시아의 경우) 첩자 조직을 발견할 수 있으며 또한 '부르주아', 즉 기업가, 상인, 금리생활자, 성직자, 왕실 자손들, 경찰 첩보원 등의 무장 해제와 정치적 권리 박탈, 그리고 재산 몰수 등의 조항을 갖고 있었기 때문이다.

[중세 정당과 근대 정당 사이의] 이런 유사성은 다음과 같은 사실에서 훨씬 더 실감이 난다. 한편으로 [교황 지지파인] 겔프당의 군사 조직은 호적에 따라 구성된 순수한 기사 군대였다. 이 군대의 거의 모든 중요 직위는 귀족이 차지했다. 다른 한편 소비에트를 보면, 높은 보수를 받는 기업가, 성과급제, 테일러시스템, 군대와 공장의 규율 등을 그대로 유지하거나 아니면 다시 도입했고 외국자본을 찾아 나서고 있다. 한마디로 말해 그들은 국가와 경제가 제 기능을 유지하도록 하기 위해서는 자신들이 부르주아의 계급제도라고 타도했던 그 모든 것을 예외 없이 다시 수용할 수밖에 없었다. 과거 [제정러시아 시대의 비밀경찰인] 오흐란카의 요원들을 국가권력의 주된 수단으로 다시 가동하기까지 했다.

오늘 우리가 관심을 갖는 주제는 그런 폭력/강권력에 기초한 조직이 아니다. 그보다는 보통의 '평화적인' 선거 캠페인을 통해 권력을 쟁취하려는 직업 정치가들과 그들의 정당이다.

정당이라는 단어가 처음 사용될 때는, 순전히 귀족들의 추종자 집단이라는 의미를 가졌다. 영국이 좋은 예이다. 어느 한 귀족이 어떤 이유에서든 당을 바꾸면 그를 따르는 사람들도 그와 함께 다른 당으로 넘어갔다. [1832년] 선거법 개정 이전까지만 해도 국왕뿐만 아니라 거대 귀족 가문들도 엄청난 숫자의 지지자들을 고객으로 삼고 있었다. 귀족 정당과 매우 밀접한 연계를 가졌던 이 유명한 시민들의 정당, 즉 명사 정당Honoratiorenparteien은 중간계급들의 영향력 신장과 함께 나란히 발전했다. '교양과 재산'Bildung und Besitz을 갖춘 집단의 출현 역시 서양의 전형적인 특징이었는데, 이들은 지적인 인물의 리더십하에서 여러 정당으로 나뉘게 되었다. 계급적 이해나 가문의 전통 혹은 순전히 이데올로기가 이들 정당을 이끌었다.

영국의 경우 성직자·교사·교수·변호사·의사·약사·부농·공장주 등은 자신들을 통칭해 젠틀맨이라 부르곤 했다. 처음에 이들은 임시 결사체 내지 기껏해야 지역 차원의 정치 클럽을 조직하는 것이 고작이었다. 시국이 요동칠 때는 프티부르주아나 간혹 프롤레타리아들이 자신의 지도자를 세워 목소리를 낼 때도 있었다. 물론 그들의 지도자가 그 집단 안에서 나온 것은 아니지만 말이다.

이 단계에서 정당은 아직 지역적 범위를 가로질러 조직된 상설 결사체가 아니었다. 단지 의회 의원들에 의해 정당으로서의 결속은 유지되었다. 의원 후보의 공천은 지방의 명사

엘리트들에 의해 이루어졌다. 선거 강령은 후보들의 유세 공약을 통해 대충 만들어졌다. 지방 명사들 모임이나 의원들의 위원회에서 만들어지기도 했다.

이런 정치 클럽의 운영은 부업이나 명예직으로 일하는 사람들에 의해 이루어졌다. 정치 클럽이 없는 곳에서는(대다수 지역이 그러했는데) 공식적인 체계 없이 소수의 사람들에 의해 되는대로 운영되었다. 보통의 경우 그들 소수만이 정치에 대해 지속적인 관심을 가졌기 때문이다. 당시에는 저널리스트만이 유일하게 급여를 받는 직업 정치가였고, 신문사만이 유일하게 지속적인 정치적 조직으로 기능했다. 그 외에는 의회가 있었을 뿐이다.

의원들과 의회 지도자들은 어떤 정치적 조치가 필요하다고 판단할 때 지역 명사들 가운데 누구에게 지원을 요청해야 할지를 잘 알고 있었다. 지속적인 정당 조직들은 대도시에서만 존재했으며, 얼마 되지는 않았어도 당비 수입이 있었고 정기적 집회 및 공개 의원 보고회 등을 개최했다. 그나마 이마저도 선거기간에만 활성화되었을 뿐이다.

정당을 좀 더 단단하게 조직하려는 시도는 의회 의원들이 인근 지역구 사이의 선거구 절충에 이해관계가 걸렸을 때나, 전국적으로 통일된 강령과 선전 활동이 광범위한 계층들에게 충격을 가져다주었을 때 이루어졌다. 그렇게 해서 (이제는 중간 규모 도시에서도) 정치 클럽들의 네트워크와 지구당 간사들의 네트워크가 전국적으로 확대되었다. 중앙당 사무국을 이끄는 특정 의회 의원들과도 지속적인 연락이 이루어졌다. 그러나 그럴 때조차 근본적으로 당의 기구가 명사들의 결사체 성격을 가졌다는 사실에는 변함이 없었다.

중앙당 사무국을 제외하면 유급 당직자는 아직 없었다. 지역의 당 조직을 운영하는 사람들은 모두 '신망 있는'angese-hene 지역 유지들이었다. 이들은 좋은 평판 덕분에 역할을 맡게 된 사람들이었다. 그들은 의회 밖의 '명사들'로서 의회 안의 명사인 의원들과 나란히 영향력을 행사했다. 그러다 점차 당이 발간하는 문서들이 언론과 지부에 지적 자양분을 공급하는 역할을 하기 시작했고, 정기적인 당비 납부가 당원의 의무가 되었으며, 이 수입 덕분에 당의 중앙 본부가 운영될 수 있었다.

얼마 전까지만 해도 대부분의 독일 정당 조직들 역시 이런 정도의 발전 단계에 있었다. 프랑스의 경우에는 여전히 초기 단계에 있었는데, 의원들의 결속이 매우 불안정했고 지방에서는 소수의 지역 명사들이 지배하고 있었다. [선거에 나서는 후보들의] 정책 프로그램은 후보자 자신이 직접 작성하거나 아니면 그에게 후보 자리를 얻게 해준 정치적 후견인이 제공했다. 심지어 몇몇 경우에는 후보 자리를 주면서 정책 프로그램도 정해 주곤 했다. 물론 의회 의원들의 결의와 정책 프로그램도 참조했지만 말이다.

이런 체제는 지속될 수 없었는데, 처음에는 부분적으로만 변화가 이루어졌다. 정치를 주업으로 하는 직업 정치가의 수는 아직 매우 적었다. 선출된 의원, 당 본부의 몇 안 되는 상근 당직자, 저널리스트, 그 외에 (프랑스의 경우가 그랬는데) '정치적 직위'politischen Amt를 갖고 있거나 그런 관직을 지향하는 몇몇 사람이 고작이었다. 정치는 대부분 부업에 불과했다. 그리고 '장관 자격을 갖춘'ministrablen 의원의 수도 매우 제한되어 있었을 뿐만 아니라, 의원직이 가진 명사적 성격 때문에 선거 입후보자의 수도 적었다.

그러나 정치적 사안에 간접적인 이해관계를 가진 사람들은 매우 많았다. 대개는 돈과 관련된 이해관계였다. 정부 부처의 모든 조치들, 특히 인사 관련 조치는 선거에 미칠 영향을 고려해 취해졌고, 사람들은 그 지역 출신 의원의 직위를 이용해 온갖 종류의 민원을 관철하려고 했기 때문이다. 만약 어떤 장관이 그 지역구 의원과 동일한 집권당 소속이라면, 그는 이 의원의 청탁을 싫든 좋든 고려하지 않을 수 없었다. 이 때문에 모두들 집권당 의원이 되고 싶어 했다.

의원 개인은 관직 인사에 비공식적인 영향력을 가지고 있었다. 자신의 선거구 유권자들과 관련된 모든 사안에 대해서도 온갖 종류의 비공식적 영향력을 소유하고 있었다. 덕분에 재선에 필요한 지역 명사들과 관계를 유지할 수 있었다.

2. 지도자와 머신이 주도하는 정당 체제

정당 조직의 가장 최근 형태는 명사 집단, 그 가운데에서도 특히 의회 의원들이 지배하는 앞서의 목가적 상황과는 극명하게 대조를 이룬다. 이 새로운 정당 조직 형태는 민주주의, 보통선거, 대중 동원 및 대중조직의 필요성, 매우 엄격한 규율의 발전 그리고 지도부 내에서 고도의 통일성이 낳은 결과이다.

명사들의 지배와 의원들의 주도적 역할은 막을 내렸다. 이 제는 의회 밖에 있는 '전업' 정치가들이 정당 조직을 손에 넣었다. 이들은 (미국의 정당 보스나 영국의 '선거 사무장'election agent 처럼) 사실상 '사업가'이거나, 아니면 고정 급료를 받는 관료들이다.

외형상 이 모든 것은 광범한 민주화의 효과라 할 수 있다. 권위 있는 당 강령을 만드는 것은 이제 의회 의원이 아니다. 후보 지명도 더는 지역 명사들에 의해 이루어지지 않는다. 그 대신 당원들이 모여 출마할 공직 후보를 결정하고 (전당대회에 이르기까지) 여러 상급 대의기관에 보낼 대의원을 선출한다. 물론 권력은 조직 안에서 일상적으로 당무를 수행하는 자와, 조직 운영을 위해 재정적으로나 인적으로 의존하지 않을 수 없는 자들의 손에 있다. 부유한 후원자들이나 [뉴욕의 지방 정치를 지배하는 민주당 조직인] 태머니홀Tammany Hall처럼 강력한 정치적 기득 이익을 가진 권력 집단의 지도자가 대표적이다.

결정적으로 중요한 사실은 이런 인적 기구human apparatus — 흥미롭게도 영어권에서는 이를 '머신'Maschine[32]이라고 부

---

32) 대규모 유권자를 동원할 목적으로 잘 조직된, 지방의 정당 조직을 가리키는 Maschine(영어의 machine)는 적당한 한국말을 찾기 어려워 머신 혹은 정당 머신으로 옮겼다. machine은 기계라는 뜻 이외에 잘 짜인 조직이나 기구라는 의미도 있는데, 여기서 말하는 머신 역시 18세기 말에서 19세기 초 미국의 지방 정치에서 나타난 조직의 한 형태로, 선거에서 특정 정당 후보의 당선에 기여함으로써 해당 지방 정치에서

른다 — 혹은 좀 더 정확히 말해 이 기구를 주도적으로 운영하는 자들이, 의회 의원들을 제어할 수 있고 상당 정도 그들에게 자신의 의지를 강요할 수 있다는 점이다. 이 사실은 정당의 지도자를 선발하는 데 특히 중요한 의미를 갖는다.

이제 머신[이라고 불리는 인적 기구 내지 조직]이 추종하는 사람 혹은 머신을 장악한 사람이 지도자가 된다. 그리고 그의 지위는 의회의 수장(의원들의 수장)을 압도하게 된다. 이런 머신이 등장했다는 것은 [대중의 의사를 직접 묻는 것에서 의사 결정의 정당성을 찾는] 대중 투표에 기초한 민주주의plebiszitären Demokratie가 도래했음을 의미한다.

당의 추종자, 특히 당직자와 당 사업가는 그들의 지도자가 승리하면 관직의 형태로든 아니면 다른 식으로든 보상이 돌아올 것을 기대한다. 여기서 매우 중요한 초점은 추종자들이 의원들에게가 아니라 지도자에게, 또는 의원만이 아니라 지도자에게도 이런 보상을 기대한다는 사실이다.

그들은 지도자가 가진 개성적 힘이 선거전에서 데마고그로서의 효과를 발휘해 당에는 지지표와 통치 권한Mandate, 즉 권력을 가져다주고, 자신들과 같은 지지자들에게는 더 많은 보상의 기회를 가져다주기를 바라는 것이다. 이상적인 기준에서 보면, 그들을 움직이는 힘은 진부한 것들로 구성된 한

인사권과 재정권에 영향력을 갖게 된 무리를 가리킨다. 강력한 보스의 통제와 규율을 갖춤으로써 거의 군대나 갱 조직에 가까울 정도로 엄격하고 위계적으로 조직된 것으로 유명하다.

정당의 추상적 정책 프로그램이 아니다. 그보다는 (확신을 갖고 그래서 헌신하고자 하는) 어떤 한 개인을 위해 일하는 것에서 얻는 만족감이다. 이것이야말로 모든 지도력이 가진 '카리스마적' 요소다.

영향력을 유지하려는 지역 명사들 및 의회 의원들과 유형·무형의 갈등을 끊임없이 겪었지만, 결국 [머신에 기초한] 이런 [정치]형태는 성공적으로 확립되었다. 그 속도는 각기 달랐다. 맨 처음 확립된 곳은 미국의 부르주아 정당들이었다. 그 뒤를 사회민주당, 특히 독일의 사회민주당이 이어갔다.

그러나 널리 인정받는 지도자가 없을 때마다 어김없이 역전의 시도가 나타난다. 지도자가 있어도 당 명사들의 허영심과 기득 이익 때문에 온갖 종류의 양보를 하지 않을 수도 없다. 다른 무엇보다도 이 머신 자체가 일상적 당무를 관장하는 당직자들의 수중에 들어갈 수도 있다.

많은 사회민주당 인사들은 사회민주당이 바로 그런 '관료제화'Bürokratisierung에 굴복했다고 보고 있다. 그러나 이들 '관료'는 강력한 데마고그적 능력을 가진 인물에게는 비교적 쉽게 순응한다. 자신들의 물질적·이념적 이해관계가 결국엔 이 지도자를 통해 확보할 수 있을 당의 권력과 밀접히 연관되어 있기 때문이다. 그리고 지도자를 위해 일한다는 것 자체가 내적으로 좀 더 큰 만족감을 주기 때문이다.

이런 지도자의 출현은 (대부분의 부르주아 정당들에서 볼 수 있는 것처럼) 당직자들과 '명사들'이 당을 장악하고 있는 경우에 훨씬 더 어렵다. 그들은 자신들이 맡고 있는 조그만 위원장직이나 위원회 위원직에서 정신적인 의미의 '생계를 유지'

하고 있다. 이들의 행동을 좌우하는 것은, 신출내기인 데마고 그에 대한 반감, 정당정치의 '경험'에서 자신들이 우월하다는 강한 확신 — 물론 경험은 매우 중요하지만 — , 그리고 정당 의 전통이 붕괴될지 모른다는 이데올로기적 우려 등이다.

당내의 모든 전통적 요소들도 뒤에서 그들을 지원한다. 프티부르주아 유권자도 오랫동안 잘 알고 있는 명사의 이름 을 신뢰하지, 모르는 사람을 신뢰하지는 않는다. 무엇보다도 농촌 지역의 유권자가 그러하다. 그러나 그 신출내기 데마고 그가 일단 한번 성공을 거두면, 그에 대한 이들 프티부르주 아지 집단의 충성은 더더욱 확고해진다.

이제 [머신 정치와 명사 정치라는] 두 [정치]형태 사이의 투쟁 을 보여 주는 몇몇 나라들의 사례와 함께, [정당 연구의 선구자 로 특히 미국의 정당 조직을 풍부한 자료로 분석했던] 오스트로고르 스키[1854~1919]에 의해 서술된 대중 투표제적 [정치]형태의 발흥에 대해 살펴보자.

3. 영국의 정당 체제 : 코커스 시스템

우선 영국부터 살펴보자. 영국의 정당 조직은 1868년[33] 까지만 해도 거의 순전히 지역의 명사들로 이루어졌다.

33) 1867년 제2차 선거법 개혁으로 유권자가 대폭 확대되고 이 때문에 유권자의 지지를 얻으려는 정당들의 기능이 매우 크게 달라져 갔다.

농촌 지역에서 토리당은 영국 국교회[34] 목사, 대부분의 교사들, 그리고 무엇보다도 그 지역의 대지주들에 의존했다. 휘그당의 지지 기반은 주로 비국교회 목사(비국교회 목사가 있는 지역의 경우), 우체국 지국장 그리고 대장장이·재봉사·밧줄공 등과 같은 소매상인들이다. 그들은 사람들과 자유롭게 대화할 수 있었기 때문에 당의 정치적 영향력을 확산하는 데 기여했다. 도시 지역의 경우 두 당의 지지 기반은 경제나 종교에 대한 견해 혹은 가문의 전통적 견해에 따라 갈렸다. 그러나 모든 곳에서 정치 관련 조직의 운영 비용은 지역 명사들이 감당했다.

이 모든 것들의 상위에 의회와 정당이 있었다. 여기에는 [선거에서 승리할 경우] 내각과 각료 회의를 이끌고 [선거에서 패배할 경우] 야당을 이끌게 되는 '리더'leader가 있었다. 그리고 이 리더는 정당 조직에서 가장 중요한 직업 정치가인 '원내총무'Einpeitscher(whip)를 측근으로 거느리고 있었다.

원내총무는 관직 임명에 영향을 미칠 수 있었다. 자리를 추구하는 사람들은 그의 도움에 의지해야만 했다. 그러면 원내총무는 이 문제에 대해 해당 선거구의 의원들과 의논했다. 이런 관직 추구자들 가운데 서서히 직업 정치가층이 발전하기 시작했다. 그들은 지역의 책임자로 충원된 사람들로서 처

---

34) 16세기 종교개혁에 따라 성립된 교회로서 성공회라고도 불리는데, 당시 헨리 8세는 왕비와의 이혼 문제로 로마 교황청과 대립하게 되자 1534년 영국 교회를 로마로부터 이탈하게 한 뒤 스스로 그 수장이 되어 교회 조직을 개편했다.

음에는 무보수로 일했으며 그 지위는 독일 정당의 '지구당 간사'와 거의 비슷하다.

그러나 이들 이외에도 각각의 선거구에서 자본주의적 기업가 유형이 발전했는데, '선거 사무장'이 바로 그들이다. 공명선거를 보장하기 위해 도입된 영국의 사법 체계 때문에 선거 사무장의 역할은 불가피해졌다. 후보들은 목소리를 혹사하는 것만이 아니라 기꺼이 지갑도 열어야 했고, 법은 선거 비용을 규제하고 돈의 힘을 제한하려는 목적으로 후보들에게 선거비용 신고의 의무를 부과했기 때문이다. 선거 사무장은 후보로부터 [선거운동에] 들어갈 비용 총액을 받아 관리했고 이 과정에서 많은 이윤을 남겼다.

의회에서든 지방에서든 '리더'와 당 명사들 사이의 권력 배분을 보면, 영국의 경우 리더가 항상 훨씬 중요한 위치를 차지했음을 알 수 있다. 이는 큰 규모의 정책을 안정적으로 수행하기 위해서는 불가피했다. 그렇지만 의회 의원과 당 명사들의 영향력도 상당히 남아 있었다.

거칠게 말해 구 정당 조직은 이런 모습이었다. 절반은 여전히 명사가 움직였다. 나머지 절반은 유급 사무원과 정치 사업가가 역할을 하는 기업형 조직으로 움직였다. 그러나 1868년 이후 '코커스'Caucus[35] 시스템이라는 것이 발전했다.

---

35) 1867년 영국은 오랫동안 논란만 거듭했던 2차 선거법 개혁을 하게 되었고, 이듬해 선거에서 새롭게 투표권을 갖게 된 유권자를 조직하려는 노력이 계속되었다. 이때 조지프 체임벌린과 비국교회 목사인 프랜시스 슈나도스트Francis Schnadhorst는 버밍엄 자유당협회라는 단체를 조

이 체제는 버밍엄의 지방선거에서 시작해 곧 전국적으로 확산되었다. 한 비국교회 목사와 '조지프 체임벌린'[36]이 이런 체제를 함께 만들어 냈다.

그 계기는 선거법의 민주화에 의해 촉발되었다. 즉, 대중의 지지를 얻기 위해서는 민주적인 외양을 갖춘 거대한 기구를 창설해야만 했다. 동시에 각 구역마다 선거 조직을 만들고, 이런 조직을 중단 없이 가동해야 했다. 그 결과 모든 것을 엄격하게 관료화하는 것이 불가피해졌다. 점차 유급 관료가 고용되기 시작했다. 당 정책의 대표자들은 지역의 선거위원회에서 선출되었다. 이 위원회는 유권자의 10퍼센트 정도를 동원할 수 있었고 이들 가운데 위원회의 새 구성원을 호선할 권리를 가졌다. 위원회를 움직이는 힘은 재정 기여의 책임을 맡은 지역 인사들에게서 나왔다. 이들은 어디서나 풍부한 이권 획득의 기회를 제공하는 지방 정치에 깊은 관심이 있기 때문이다.

이렇듯 새롭게 출현한 머신은 더는 의회의 영향을 받지 않게 되었는데, 그러자 곧 기존의 권력자층, 특히 원내총무와 갈등이 터져 나오기 시작했다. 이 과정에서 머신은 지역의

직해 선거운동을 했다. 보수당의 벤저민 디즈레일리는 이를 비아냥거리는 의미로 코커스라고 불렀다. 이때의 코커스라는 표현은 보스가 중심이 된 미국의 지방 정당 조직인 머신을 가리킨다.

36) 조지프 체임벌린(1836~1914). 보수적 자유주의자로 원래 자유당 의원이었으나 글래드스턴의 아일랜드 자치 법안에 반대해 자유당을 탈당했고 독자적 정당을 결성했으나 후에 보수당으로 흡수되었다.

이권 집단들의 지원에 힘입어 완벽한 승리를 거두게 되었다. 이제 원내총무는 머신에 순응하고 타협하지 않을 수 없게 되었다. 그 결과 모든 권력은 소수의 손에, 궁극적으로는 당의 정상에 서있는 단 한 사람의 손에 집중되었다.

자유당의 경우 이런 발전은 글래드스턴[37]이 권력을 장악하는 과정과 동시에 이루어졌다. 머신이 그토록 빨리 명사들을 압도하며 승리할 수 있었던 것은 글래드스턴의 '대단한 데마고그 능력' 때문이다. 그가 제시한 정책의 윤리적 내용과 특히 그의 인격이 가진 윤리성에 대한 대중의 믿음은 확고했다. 이로 인해 세자리즘[38]적이고 대중 투표제적인 요소, 즉 선거 전장 속의 독재자가 정치의 영역에 들어온 것이다. 이것이 갖는 중요성은 현실에서 곧바로 감지되었다.

코커스는 1877년의 전국적 선거에서 처음으로 활용되었고 탁월한 성과를 낳았다. 그 결과 성공의 최고 절정기에 있던 디즈레일리[39]를 실각시켜 버렸다. 그리고 아일랜드 자치 문제가 터진 1886년에 오면 이 머신은 [글래드스턴이라는] 지도자가 가진 개성적 카리스마에 이미 완전히 의존하게 되었

---

37) 윌리엄 글래드스턴(1809~98). 영국의 대표적인 자유주의 정치가로 네 차례 총리를 역임했다.

38) 세자리즘Caesarism. 대중의 지지 내지 승인에 기초한 정치적 독재의 한 형태 혹은 1인 지배의 대중적 독재정치를 가리키는 개념. 기원전 1세기 로마공화정 말기의 대정치가 카이사르Caesar의 이름에서 유래했다.

39) 벤저민 디즈레일리(1804~81). 글래드스턴과 함께 빅토리아시대의 번영기를 이끌며 영국의 전형적인 양당제 의회정치를 이끈 정치가다.

다. 그래서 '글래드스턴이 주장하는 정책에 동의하는가?'와 같은 질문은 그 누구도 제기하지 않았다. 당 기구 전체는 그의 말 한마디에 위에서부터 아래까지 입장을 바꾸어 버렸으며, '그가 어떤 결정을 하든 따르겠다.'고 선언해 버렸다. 이는 곧 코커스라는 기구의 창설자였던 체임벌린이 빈털터리로 내던져지게 되었음을 의미했다.

이런 머신은 상당한 규모의 스태프를 필요로 한다. 영국에서는 정당정치가 직접적 생계 수단인 사람의 수가 2000명쯤은 되고도 남는다. 물론 순전히 관직을 사냥하려는 사람들이나 이해관계를 추구하려는 사람들이 여전히 훨씬 더 많다. 특히 지방 정치에서 그렇다. 통상의 코커스 정치인들에게는 경제적 기회뿐만 아니라 허영심을 충족할 기회도 있다.

당연히 그들의 야심은 '치안판사'J.P.[Justice of the Peace]나 '하원 의원'M.P.[Member of Parliament]이 되는 것이다. 훌륭한 가정교육을 받은 사람들과 '젠틀맨'은 그런 목표를 달성하기도 한다. 그러나 부유한 후원자들이 얻고자 분투했던 최고의 영예는, 당 재정 재원 가운데 거의 50퍼센트는 익명의 기부라는 형태를 띠었다는 점에서 볼 때, 귀족 작위[총리가 제청하는 상원 의원]였다.

이런 제도는 전체적으로 어떤 효과를 가져왔을까? 그것은 오늘날 대부분의 영국의 의원들을 규율이 잘 잡힌 투표 집단에 불과한 존재로 만들었다. 예외가 있다면 소수의 내각 각료들과, 몇몇 주관이 강한 비주류들뿐이었다. 독일 하원에서 의원들은 자기 의석에서 개인 서신이라도 처리함으로써 마치 자신이 국가의 안녕을 위해 일하고 있는 듯한 인상을 주려고 노력한다. 그러나 영국에서는 그런 제스처조차 필요하지 않다. 의원들에게 요구되는 것이라고는 단지 투표에 참여하고 당을 배반하지 않는 것뿐이다. 이들은 원내총무가 소집하면 나타나야 하고, 내각 또는 야당 당수가 선포한 것을 그 내용이 무엇이 되었든 간에 수행해야 한다.

강력한 지도자가 있는 경우 지방의 코커스 머신Caucus-Maschine은 [이념적] 원칙이 무시된 채 리더의 손아귀에 완전히 종속된다. 이것이 의미하는 바는 사실상의 대중 투표제적 독재자가 의회 위에 군림한다는 것이다. 그는 앞서 말한 당의 '머신'을 수단으로 대중을 동원해 자신을 따르게 한다. 그리고 그는 의원들을 단지 자신의 추종자 가운데 봉록을 받는 자에 불과한 존재로 간주한다.

그렇다면 이런 지도자는 어떻게 선발되는 것일까? 우선 어떤 능력을 토대로 선발되는 것일까? 세계 어디서나 결정적인 기준으로 간주되는 의지력을 논외로 하면, 여기서 가장 중요시되는 것은 당연히 데마고그적 웅변의 힘이다. 웅변술의 성격은 오늘날까지 여러 차례 변화해 왔다. 즉, 리처드 코브던[40]과 같이 지성에 호소했던 시대로부터 시작해, 외견상 냉철하게 '사실이 스스로 말하게 하는' 기법을 구사했던 글래드스턴을 거쳐, 오늘날에는 구세군이 사용하는 것과 같은 수단을 활용하면서 순전히 감정에 호소하여 대중을 움직이고자 하는 웅변술이 자주 발견된다.

---

40) 리처드 코브던(1804~65). 자유무역주의를 대표했던 영국의 정치가.

현재의 상황을 우리는 '대중적 정서를 최대한 활용하는 것에 기초한 독재'Diktatur, beruhend auf der Ausnutzung der Emotionalität der Massen라고 부를 수 있을 것이다. 이것을 가능하게 하는 것은 영국 의회의 매우 잘 발달된 위원회 체제이다. 그것은 지도부에 가담할 의사가 있는 모든 정치가를 위원회 활동에 합류하도록 강제한다. 위원회 활동을 보고하고 공개적으로 논쟁하는 과정을 통해 모든 중요 각료들은 지난 수십 년간 매우 현실적이고 효과적인 실무 훈련을 거쳤다. 이는 위원회가 실제로 유능한 지도자들을 선발하고 순전히 선동가이기만 한 사람을 배제하는 그런 교육기관이 되었음을 의미한다.

4. 미국의 정당 체제 : 엽관 체제와 보스

이상은 영국의 상황에 대한 것이었다. 그러나 미국의 정당 조직과 비교하면 영국의 코커스 제도는 약과다. 미국에서는 국민투표[즉 대중 직접 투표]적 원리가 매우 일찍부터 순수한 형태로 발전했다.

조지 워싱턴이 집권하던 시기에 미국은 '젠틀맨'들이 관리하는 공동체가 되기로 되어 있었다. 미국에서도 그 당시 젠틀맨은 지주이거나 대학 교육을 받은 사람이었다. 이것은 미국의 초기 정치 상황이 어떠했는지를 보여 준다. 정당이 조직되기 시작했을 때, 미국의 하원 의원들은 명사 지배 시기 영국의 의원과 다를 바 없었다. 정당 조직은 매우 느슨했다. 이런 상황은 1824년까지 지속되었다.

물론 1820년대 이전에도 이미 많은 지방에서는 — 미국에서도 근대적 정치 발전의 탄생지는 지방이었다 — 정당 머신이 만들어지는 중이었다. 그러나 서부 농민층의 후보였던 앤드루 잭슨이 대통령으로 선출되면서[1829~37년 집권] 비로소 오랜 전통들이 붕괴하기 시작했다. 1840년 이후 의회가 지방의 정당 머신에 대한 영향력을 사실상 상실하고 유력 의원들 — 컬훈Calhoun, 웹스터Webster와 같은 — 이 정계에서 은퇴하자, 이들이 이끌었던 당의 시스템은 종말을 고했다.

미국에서 대중 투표제적 '머신'이 그렇게 일찍부터 발전했던 이유는, 미국에서 그리고 미국에서만, 대중 직접 투표의 원리로 선출된 대통령이 행정부의 수반이자 (그리고 이 점이 중요한데) 관직 임면권을 가진 최고 책임자이며, '삼권분립'에 따라 직무 수행이 의회로부터 독립해 있기 때문이다. 대통령 선거 승리의 보상은 관직에 따른 봉록의 형태를 갖기 쉬웠다. 그 결과는 '엽관제'spoils system로서, 그것은 앤드루 잭슨에 의해 체계적으로 활용되어 하나의 원칙으로 자리 잡았다.

승리한 후보의 추종자들에게 모든 연방 관직을 배분하는 시스템인 '엽관제'가 작용한다는 것은 오늘날 미국의 정당들에 어떤 의미를 갖는가? 그것은 경합하는 정당들이 일관된 신념이나 원칙을 전혀 갖지 않는다는 것이다. 정당들은 순전히 그리고 오로지 관직 사냥꾼을 위한 조직이다. 선거 시에는 득표 가능성에 따라 정책 프로그램을 바꾼다. 이는 다른 나라에서와는 달리 정책 프로그램이 크게 바뀔 수 있음을 의미한다.

정당들은 전적으로, 관직 임면권을 얻기 위해 가장 중요한 선거, 즉 연방 대통령 선거나 주지사 선거에서 승리하는 데 전념한다. 정책 프로그램과 후보 선출은 의원들의 개입 없이 '전당대회'national conventions를 통해 결정된다. 전당대회는 형식상으로는 매우 민주적인 방식으로 선출된 대의원들로 이루어지고, 이들 대의원은 정당의 '예비선거'primaries에서 선출된다. 예비선거에서조차 대의원들은 대통령이 되고자 하는 특정 후보를 지지한다는 것을 내걸고 선출된다. 그래서 개별 정당 내부에서 '후보 지명'nomination의 문제를 두고 격렬한 투쟁이 벌어진다.

대통령은 30만 내지 40만 명이 넘는 관료 지명권을 손에 쥐고 있다. 그는 이 지명권을 단지 상원의 동의만으로 행사할 수 있다. 상원 의원들은 막강한 권력을 가진 정치가들이다. 그에 반해 하원은 상대적으로 힘이 없다. 왜냐하면 하원은 관직 임면과 관련해 아무런 영향력을 행사할 수 없기 때문이다. 그리고 (의회를 포함해 모두에 대한 권력 행사의 정당성을 국민으로부터 부여받은 대통령의 단순한 보좌역일 뿐인) 장관들은 하원의 신임 여부와는 상관없이 자기 직무를 수행할 수 있다. 이것 역시 '삼권분립'이 가져온 하나의 결과이다.

이런 제도에 기반한 엽관제가 미국에서 기술적으로 가능했던 이유는, 미국이 문화적으로 매우 젊었기 때문이다. 순수한 아마추어적 국가 운영이 허용될 수 있었던 것은 그 때문이었다. 당에 충실히 봉사했다는 것 말고는 어떤 자격도 제시할 필요 없는 30만에서 40만 명의 파당적 정치인들이 있는 상황이란, 당연히 엄청난 폐단 — 전례 없는 낭비와 부패 — 없이는 존재할 수 없었다. 그것은 무한한 경제적 기회를 가진 나라에서만 유지될 수 있었다.

대중 투표제적 정당 머신에 기초한 이런 엽관 체제와 함께 무대에 등장한 인물이 당 '보스'이다. 보스란 어떤 존재인가? 그는 자기 부담과 자기 책임 아래 지지 표를 만들어 내는 정치 영역의 자본주의 기업가이다. 처음에 그는 변호사, 선술집 주인, 또는 그와 비슷한 업체의 주인 또는 대금업자로서 사람들을 만날 자격을 갖추었을지 모르나, 거기서부터 자신의 연줄을 계속 확대해 일정한 수의 표를 '통제'할 수 있게 된 사람이다. 그 뒤 그는 이웃 선거구의 보스들과 관계를 형성하고, 열성과 민첩함 그리고 무엇보다도 신중함으로, 자신보다 경력 면에서 앞서간 자들의 주목을 얻게 된다. 그렇게 하여 그의 출세는 시작되는 것이다.

보스는 당 조직에서 필수 불가결하다. 당 조직은 점차 그의 수중에 장악된다. 당 조직의 운영 자금 대부분을 조달하는 것도 보스다. 그는 이 자금을 어떻게 조성할까? 부분적으로는 당비를 통해 조달하지만, 무엇보다도 그와 그의 당을 통해 관직을 얻게 된 관료들의 봉급에서 공제한다. 사례금과 뇌물도 있다. 법을 어기고도 처벌을 면하기를 바라는 사람들도 보스의 도움을 필요로 한다. 대가를 지불하는 것은 당연한 일이며, 그렇게 하지 않으면 그는 여러 가지 불편한 일을 겪게 된다.

그러나 이런 것만으로는 필요한 운영 자본 전부를 확보할 수 없다. 보스는 재계의 거물들이 내는 기부금을 직접 수령해 오는 역할을 위해서도 없어서는 안 될 존재이다. 그들은 유급 당직자나 다른 어떤 공식 회계 담당관에게 선거 자금을 잘 맡기지 않는다. 전형적인 보스는 금전 문제에 관해 절대적으로 냉정한 사람이다. 보스는 재정 문제에서 철저할 정도로 신중한 사람이다. 선거 자금을 대는 자본가들이 신뢰하는 바로 그런 사람인 것은 당연하다.

전형적인 보스는 지극히 냉정한 사람이다. 그는 사회적 명예를 추구하지 않는다. '상류사회'에서 이 '프로페셔널'professional은 경멸의 대상이다. 그는 오로지 권력을 추구하는데, 그것은 권력의 재원뿐만 아니라 권력 그 자체를 위한 것이기도 하다. 그는 막후에서 활동하는데 이것이 영국의 리더와 다른 점이다. 사람들은 그가 공개 석상에서 연설하는 모습을 볼 수 없다. 그는 연설자들에게 목적을 성취하기 위해 무엇을 말해야 하는지를 암시할 뿐, 자신은 침묵한다.

보스는 연방 상원 의원직을 제외하고 다른 어떤 관직도 맡지 않는 것이 보통이다. 상원 의원은 헌법에 의거해 관직 임면에 관여하기 때문에 힘 있는 보스들은 종종 상원 의원직을 직접 맡곤 한다. 관직 분배는 우선적으로 당에 대한 공헌도에 따라 이루어진다. 그러나 경매로 관직을 할당하는 경우도 빈번했다. 그리고 몇몇 관직에 대해서는 일정한 가격이 매겨져 있기도 했는데, 이는 17~18세기의 교황 국가들을 포함해 많은 군주국에서 흔히 볼 수 있는 관직 매관제와 다를 바 없는 것이다.

보스는 어떤 확고한 정치적 [이념 내지] '원칙'Prinzipien을 갖고 있지 않다. 그는 어떤 [이념적] 원칙도 갖지 않은 채 단지 무엇으로 표를 끌어 모을까 하는 문제에만 관심이 있다. 보스의 교육 수준이 상당히 낮은 경우도 적지 않다. 그러나 그의 사생활은 많은 경우 흠잡을 데가 없다. 단지 정치 윤리의 차원에서 그는 해당 시기 통상적 수준의 정치 관행을 따랐을 뿐이다. 이는 우리 독일인들 가운데 많은 이들이 [전시에 있었던] 식량 부족 사태 때 경제 윤리의 영역에서 취했던 태도[41]와 다를 바 없는 것으로서, 특별히 비난받을 일은 아니다.

그는 '프로페셔널' 정치꾼이라는 이유로 사회적으로 경멸당한다는 사실에 괴로워하지 않는다. 그 자신이 연방의 중요 관직을 얻을 수도 없고 그걸 바라지도 않는다는 사실은 좋은 점도 있다. 보스가 보기에 표를 얻을 수 있다고 생각하기만 하면, 당 밖의 좋은 인물 내지 평판이 좋은 인물이 후보로 채택될 수 있기 때문이다. 이는 항상 같은 원로 명사들이 거듭해 후보로 선출되는 우리[독일]의 경우와는 다르다. 우리[독일] 시스템에서라면 결코 출세할 수 없었을 유능한 사람들이 대통령직에 오를 수 있었던 것은, 사회적으로 경멸당하는 권력자들로 이루어진 이런 [이념적 제약 없는] 무원칙한 정당 구조 덕분이었다.

물론 보스는 자신의 자금 및 권력의 원천을 위협할 가능성이 있는 국외자들을 들어오지 못하게 한다. 그러나 유권자의 지지를 두고 경쟁을 벌이는 상황이 될 때, 그들이 자신의 의지를 접고, 부패를 반대하는 것으로 명성을 얻은 후보들을

---

41) 제1차 세계대전 당시 연합국의 봉쇄 조치 탓에 식량 부족 사태가 장기화되자 도시 사람들은 사용할 수 없는 퇴장화폐를 가지고 농촌 지역을 돌며 식량을 구매하러 다녔다. Owen and Strong eds., *The Vocation Lectures*, p. 71 참조.

받아들이는 경우도 드물지 않다.

미국에서 정당들은 뚜렷한 자본주의적 노선에 따라 운영된다. 그들은 위에서부터 아래까지 긴밀하게 조직되어 있다. 그들은 태머니홀처럼 (수도회나 다름없는 방식으로 조직되어 있으며, 정치적 통제를 행사함으로써 이익을 얻는 것만을 지향하는) 지극히 안정된 정치 클럽들에 의해 뒷받침된다. 이들 정치 클럽은 특히 지방자치 행정 기구들 — 이곳[미국]에서도 가장 중요한 수탈 대상이다 — 을 정치적 통제의 대상으로 삼고 있다.

미국에서 이런 종류의 정당 구조가 발전할 수 있었던 것은, [미국이라는] 이 '신천지'Neulandes가 가졌던 높은 수준의 민주화 덕분이었다. 그러나 신생 국가와 민주주의가 결합했기에 가능했다는 것이 의미하는 바는, 이제 이 체제가 서서히 쇠퇴하리라는 사실이다. 이제 미국도 아마추어에 의존해 통치할 수 없다.

15년 전 미국 노동자들에게 '왜 여러분은 여러분 스스로가 공공연히 경멸한다고 말하는 그런 정치가들이 당신들을 통치하게 내버려 두느냐?'라고 질문했다면 우리는 이런 대답을 들었을 것이다. '우리는 당신들 나라에서처럼 우리에게 침을 뱉는 관료 계급보다는 차라리 우리가 침을 뱉을 수 있는 그런 사람들을 관료로 갖기를 원한다.' 이것이 미국 '민주주의'Demokratie의 옛 관점이었다. 물론 그때 이미 [엽관제에 비판적이었던] 사회주의자들은 전혀 생각이 달랐지만 말이다.

이제 그런 상황은 용납되지 않고 있다. 아마추어 행정으로는 절대 충분하지 않다. 그래서 공무원법 개정을 통해 연금을 받는 종신직이 지속적으로 확대되고 있다. 그 결과 우리 관료에 못지않게 대학 교육을 받은 청렴하고 유능한 관료들이 관직에 들어오고 있다. 현재는 대략 10만 개의 관직이 ― 선거 승리의 전리품이 아니라 ― 연금을 받고 자격 증명이 요구되는 자리가 되었다. 이는 엽관제의 기반을 천천히 약화하는 결과를 가져올 것이다. 그렇게 되면 정당의 리더십도 변화될 것이다. 단지 우리가 알지 못하는 것은 그것이 어떤 방식으로 이루어질지에 대한 것이다.

5. 독일의 정당 체제 : 관료 지배

지금까지 독일 정치에 영향을 미치는 결정적인 요인들은 대체로 다음과 같은 것들이었다.

첫 번째 요인은 의회의 무기력함이다. 그 결과는 지도자적 자질을 가진 어떤 사람도 의회에 긴 시간을 몸담지 않는다는 것이다. 누군가 의회에 들어가고 싶어 했다고 해보자. 그가 의회에 들어가서 무엇을 할 수 있겠는가? 어느 관청의 사무원 자리가 하나 비면 그는 그 관청의 책임자에게 이렇게 말할 수 있을 것이다. '내 지역구에 매우 유능한 사람이 하나 있다. 그가 그 자리에 적합할 것 같은데, 그 사람을 채용하면 어떻겠는가?' 이런 요청은 기꺼이 수용되었다. 그러나 이것은 독일 의원이 자신의 권력 본능을 ― 만약 그가 권력 본능 같은 걸 갖고 있기라도 하다면 ― 충족하기 위해 할 수 있는 전부였다.

두 번째 요인은 ― 이 두 번째 요인은 첫 번째 요인에 영향을 끼쳤는데 — 훈련된 전문 관료층이 독일에서는 엄청나게 중요했다는 데 있다. 우리는 세계 최고의 관료를 가졌다. 그 결과는 전문 관료층이 단순히 전문 관료직뿐만 아니라 각료직까지도 추구했다는 것이다. 지난해[1918년] 바이에른주 의회에서 의원내각제로의 전환이 논의되었을 때 사람들은 만약 [의원내각제가 되어] 국회의원이 각료직을 차지하면 재능 있는 사람들이 앞으로 관료가 되지 않을 것이라고 주장했다. 게다가 행정 관료들은 영국 의회의 위원회 심의와 같은 식의 통제를 조직적으로 기피했다. 그 때문에 우리 의회는 (몇 가지 예외를 제외하면) 정말로 유능한 행정부 수장[장관]들을 의회 안에서 키워 낼 수가 없었다.

세 번째 요인은 미국과는 달리 독일에는 정치적 신념을 가진 [이념] 정당들이 있었다는 점이다. 그들은 자신의 당원들이 (그들이 생각하기에 좋은 신념인) 특정 '세계관'Weltanschauungen을 신봉하고 있다고 주장했다. 그런데 이런 정당들 가운데 가장 중요한 두 정당 — 가톨릭중앙당과 사회민주당 — 은 소수당이었고, [중앙당은 신교 국가인 독일에서 소수인 가톨릭을 내걸었고, 사회민주당은 노동계급에만 의존하려 했기 때문에] 사실상 소수당일 수밖에 없도록 만들어졌다.

과거 제정 시기 중앙당의 지도적 인사들은 자신들이 의원내각제를 반대하는 은밀한 이유를 공공연히 말하고 다녔다. 그것은 [의원내각제가 되어] 의회에서 소수파가 되면 지금까지 그랬던 것처럼 정부에 압력을 넣어 취업시킬 수 있었던, 자신들 휘하의 관직 추구자들을 데리고 있기 어려워질까 두려워했기 때문이었다. 사회민주당은 원칙을 내세우는 반대당이었다. 사회민주당의 바로 이 [이념적] 원칙의 문제가 의원내각제 발전을 어렵게 했다. 기존의 부르주아 정치체제와의 접촉으로 자신들의 손이 더럽혀지는 것을 원치 않았기 때문이다. 이 양당이 의원내각제를 거부했기 때문에 의회가 중심이 되는 체제는 작동할 수 없었다.

이런 상황에서 독일의 직업 정치가들은 어떻게 되었을까? 이들은 권력도 없고 책임도 없이 저급한 명사로서의 역할만 할 수 있었을 뿐이다. 그 결과 이들은 다시금 어떤 길드들[협소한 이익을 갖는 동종 직업 집단들]에서나 볼 수 있는 그런 전형적인 패거리 본능Zunftinstinkten에 빠져 버렸다. 자신들의 하찮은 직책 하나로 생을 살아가는 이런 명사들의 서클 안에서, 다른 종류의 인물이 성장하는 것은 불가능했다.

나는, 지도자의 자질을 가졌으나 바로 그 때문에 명사들이 용납하지 않았으며 그래서 정치 생애를 비극적으로 마친 수많은 사람의 이름을 댈 수 있다. 물론 사민당도 예외가 아니다. 이런 경로를 따름으로써 우리의 모든 정당은 명사들의 패거리 집합소 같은 길드로 변해 버렸다.

예컨대 베벨[42]만 해도 (비록 그의 지적 능력은 대단치 않았지만) 그의 열정과 인격의 순수성으로 보면 지도자형 인물이었다. 그가 순교자적 인물이었다는 사실, 그리고 대중이 보기에 그가 자신들의 신뢰를 단 한 번도 배반하지 않았다는 사실이 의미하는 것은, 그는 대중이 절대적으로 자신을 따르도록 했

---

42) 아우구스트 베벨(1840~1913). 독일 사회민주당의 대표적인 지도자.

으며 그러므로 당내에서는 누구도 그에게 제대로 도전할 수 없었다는 점이다.

그의 사망과 함께 이런 상황은 끝이 났고 관료들에 의한 지배가 시작되었다. 노동조합 관료, 당의 비서들, 저널리스트들이 득세했고, 관료적 본능이 당을 지배했다. 이들은 지극히 고결한 관료층이었지만 — 다른 나라들의 사정, 특히 미국의 부패한 노동조합 관료들과 비교하면 사실상 예외적이라 할 만큼 고결했다고 말할 수도 있다 — 앞서 살펴본 대로 관료들에 의한 지배가 미친 영향은 이 당에서도 나타날 수밖에 없었다.

1880년대 이래 부르주아 정당들은 완전히 명사들의 길드가 되어 버렸다. 물론 간혹 이 정당들도 선전을 위해, 즉 '이런 유명 인사들이 우리 편을 들고 있다.'고 말하기 위해, 정당 밖의 지식인들을 영입하지 않을 수 없었다. 하지만 가능한 한 그들은 이들 영입 인사가 선거에 출마하는 것을 막으려 했다. 단지 불가피할 경우에만, 즉 그 영입 인사가 출마 이외의 다른 대우를 받아들이지 않을 경우에만 그를 선거에 참여시켰다.

의회에서도 동일한 정신이 지배했다. 독일의 의회 정당들은 길드였고 지금도 그러하다. 제국의회의 본회의에서 이루어지는 모든 연설은 당에 의해 사전에 철저히 검열된다. 이 연설들이 이루 말할 수 없이 지루하다는 점이 바로 이를 증명해 준다. 지명된 사람만이 연설자로 발언할 수 있었다. 이것은 영국의 관행 내지 (전혀 상반된 이유에서지만) 프랑스의 관행과도 상상할 수 없을 정도로 대조적이다.

6. 전망 : 어떻게 할 것인가

세간에서 흔히 혁명이라고 부르는 [제2제국의] 대대적인 붕괴의 결과, 어떤 변화가 시작되고 있는 것 같다. 확실한 것은 아니지만, 아마도 그런 것 같다. 변화는 새로운 종류의 정당 조직화 시도가 나타난 것에서도 볼 수 있다.

첫째는 여러 대학의 학생들이 참여하는 아마추어 조직들로서, 이들은 지도자의 자질이 있어 보이는 이에게 이렇게 말한다. '우리는 당신이 무엇을 지시하든 해야 할 일이라면 뭐든지 하겠다.'

둘째는 비즈니스적인 동기를 가진 사람들의 조직에서 발견되는 사례다. 그들은 지도자 자질이 있어 보이는 인사에게 다가가 한 표당 일정한 대가를 받고 선거운동을 해주는 사업을 하려 했다.

순전히 정치 기술적 관점에서 이 두 가지 가운데 솔직히 어느 것이 더 신뢰할 만하다고 보는지를 여러분이 내게 묻는다면, 나는 후자를 선택할 것이다. 이 두 조직화 형태 모두 금방 부풀어 올랐다가 거품처럼 곧 사라져 버렸다. 기존의 정당 조직들은 불가피하게 구조 변화를 해야 했지만 여전히 작동하고 있다.

이런 [새로운 형태의 조직화 시도 같은] 현상들은, 만일 지도자Führer만 있다면 [머신이라는] 새로운 정당 조직이 나타날 수 있음을 보여 주는 징후였다. 그러나 비례대표제가 가진 문제 때문에 지도자의 출현은 쉽게 억제되었다. 그 사이에 몇 안 되는 거리의 독재자들이 등장했다가 이내 사라졌을 뿐이다.

이런 거리의 독재자들은 엄격한 규율을 따르는 추종자들을 가졌는데, 이것이야말로 그처럼 작은 소수파가 어떻게 그런 힘을 가질 수 있었고, 앞으로도 더 작은 소수파라 할지라도 힘을 발휘할 수 있을 것인지를 설명해 준다.[43]

향후에는 상황이 달라질 수 있다고 해보자. 그러려면 앞에서 살펴본 것에 비춰 분명히 해둬야 할 것이 있다. 대중 투표제적 지도자가 당을 책임진다면 그의 추종자들은 (누군가 정신적 프롤레타리아화라고 부를지도 모를) '영혼의 박탈'Entseelung 때문에 괴로워할 수도 있다.

정당이 그런 지도자의 손에서 유용한 기구가 되려면 추종자 집단은 맹목적으로 복종해야만 한다. 미국적 의미에서 '머신'이어야 한다. 명사들의 허영심 내지 주장에 휘둘리지 않아야 한다. 링컨의 당선은 오로지 이런 성격의 당 조직 덕분에 가능했으며, 앞서 살펴보았듯이 글래드스턴의 경우에는 코커스를 통해 같은 일을 해냈다. 그것이야말로 지도자를 갖기 위해 당이 치러야 할 비용이다.

달리 선택은 없다. '머신'에 기반한 지도자 민주주의Führerdemokratie mit 'Maschine' 아니면 지도자 없는 민주주의führerlose Demokratie가 있을 뿐이다. 후자는 소명이 없는 '직업 정치가', 지도자의 필수 요건인 내면의 카리스마적 자질이 없는 직업

---

43) 베버의 강의 노트에 적힌 메모를 보면 이 부분에서 베버가 염두에 둔 경험적 사례는 로자 룩셈부르크와 칼 리프크네히트가 주도한 스파르타쿠스단이었다. Owen and Strong eds., *The Vocation Lectures*, p. 74 참조.

정치가들의 지배를 뜻한다. 이들의 지배는 당내 반대파들이 보통 '도당'Klüngels의 지배라고 부르는 것이다.

한동안 독일에서는 단지 후자, 곧 도당의 지배만이 있었다. 앞으로도 이런 상태는 적어도 독일제국Reich 차원에서는 지속될 것이다. 그 이유는 다음과 같은 몇 가지 조건들 때문이다. 우선 연방 상원이 아마도 다시 부활되어 필연적으로 연방 하원의 권력을 제한하게 될 것인바, 그 결과 지도자가 선발되는 곳으로서 연방 하원이 가진 중요성은 감소할 것이다.

또 다른 요인은 지금과 같은 비례대표제이다. 그것은 비례대표 명부에 후보를 배정하는 것을 둘러싸고 명사들 사이에서 추악한 거래를 조장한다. 또한 이익 단체들이 정당들을 압박해 자신들의 간부들을 후보 명부에 올리도록 만든다. 그로 인해 의회는 진정한 지도자의 설 자리가 없는 그런 비정치적 의회로 만들어질 것이다. 이것이야말로 지도자 없는 민주주의의 전형이 아닐 수 없다.

대통령이 의회를 통해서가 아니라 국민투표로 선출된다면 지도자에 대한 욕구를 배출할 유일한 안전밸브는 독일 대통령직이 될 것이다. 만약 규모가 큰 광역 도시에서도 자신의 행정부를 독자적으로 구성할 권한을 가진 대중 투표제적인 독재자plebiszitäre Stadtdiktator가 등장할 수만 있다면, 검증된 업무 수행 능력을 가진 지도자가 부각되고 선출될 수 있을 것이다. 이는 미국의 경우 부패와의 전쟁을 위해 진지하게 노력했던 지역 어디에서나 실제로 경험했던 일이다.

그런 선거에 필요한 정당 조직이 있느냐가 성패의 전제조건일 것이다. 문제는 독일의 모든 정당 — 특히 사회민주당을 포함해 — 이 보여 주고 있는 지극히 소시민적인 태도로서 지도자에 대한 적대감kleinbürgerliche Führerfeindschaft이다. 이로 인해 향후 정당 조직이 어떻게 될지, 어떤 변화를 겪게 될지를 예측하기는 어렵다.

현재로서는 정치라는 사업이 그에 수반되는 '소명'을 다하기 위해 제도적으로나 조직적으로 어떤 모습을 띠게 될지 전혀 짐작할 수가 없다. 정치적 재능을 가진 사람들이 정치적 과업을 부여받을 기회가 어떻게 마련될 것인지는 더더욱 전망하기 어렵다.

경제적 어려움 때문에 정치에 '의존해' 살 수밖에 없는 사람에게는 저널리스트가 되느냐 당직자가 되느냐 하는 두 가지 선택만 있을 뿐이다. 이는 정치에 직접 참여하는 두 개의 전형적인 길인데, 그렇지 않으면 노동조합이나 상공회의소, 농민연합, 수공업자연합, 노조연합체, 사용자연합회와 같은 특수 이익을 대표하는 조직에 합류하거나, 그것도 아니면 지방자치단체에서 적절한 자리 하나를 찾는 것이다.

외형적으로 볼 때 당직자와 저널리스트에 대해서는 그들이 '한물간 계급'Deklassiertheit이라는 오명을 공유하고 있다는 것 이외에 더 말할 것이 없다. 안타깝게도 저널리스트는 '글쓰고 돈 받는 인간', 당직자는 '말하고 돈 받는 인간'이라는 소리를 늘 듣게 될 것이다. 비록 들릴 만큼 큰 소리는 아니겠지만 말이다.

이런 별거 아닌 일에도 내적으로 무기력하고, 또한 스스로의 마음속에서 그에 대한 적절한 답을 갖지 못한 자는 이 직업을 택하지 않는 것이 좋다. 그 길은 매우 강한 유혹은 물론이고 끊임없는 실망에 자신을 드러내야 하는 곳이기 때문이다.

그렇다면 이들이 정치라는 직업에서 기대할 수 있는 내적 즐거움은 어떤 것인가? 이 길을 택하는 자에게 요구되는 개인적인 자격 조건은 무엇인가?

정치라는 직업은 우선 권력감Machtgefühl을 제공한다. 변변찮은 직위에 있는 직업 정치가조차 그의 영향력이 다른 사람들에게 미치고 있다고 느낀다. 권력의 행사에 자신도 참여하고 있다는 의식을 갖는다. 다른 무엇보다도 스스로를 중요한 존재로 여기게 하는 것은, 역사적으로 중대한 일을 하는 과정에서 중추적 역할의 일부분을 담당하고 있다는 자각이다.

그러므로 직업 정치가가 마주해야 할 질문은 자신이 어떤 자질을 갖춰야 이 권력을 제대로 다루고, 그래서 자신에게 부과된 책임성을 제대로 감당해 낼 수 있을 것인가에 있다. 그 권력이 제아무리 좁고 특수한 업무 분야에 한정된 권력이라 할지라도 말이다.

이 질문은 우리를 이제 윤리적 문제의 영역으로 데려간다. 다음과 같은 질문이야말로 스스로 물어야 할 윤리적인 문제가 아닐 수 없기 때문이다. 직업 정치가는 어떤 종류의 인물이라야 역사의 수레바퀴를 손에 쥘 권리를 갖게 될까?

3장
정치가

1. 정치가에게 필요한 자질

정치가에게는 다른 무엇보다도 다음 세 가지 자질이 결정적으로 중요하다. [대의에 대한 헌신을 뜻하는] 열정Leidenschaft, [선의를 내세워 변명하지 않고 결과를 얻기 위해 최선을 다한다는 의미의] 책임감Verantwortungsgefühl, 그리고 [사태를 바라는 대로가 아니라 있는 그대로 이해하는 능력을 뜻하는] 균형적 현실 감각Augenmaß[44)]이 그것이다.

여기서 열정이란 객관적인 의미를 갖는 것으로, '대의' 및 이 대의를 주관하는 신 또는 [인간과 신 사이에 있는 수호신으로서] 데몬Dämon에 대한 열정적 헌신을 가리킨다. 고인이 된 나의 친구 게오르크 지멜[45)]이 '불모의 흥분 상태'sterile Aufgeregt-

---

44) Augenmaß는 Augen(눈)과 maß(척도)의 합성어다. 그래서 기존 한국어판 번역에서는 '안목', '눈대중', '예측 능력', '목측 능력', '균형 감각' 등으로 옮겼다. 기존 영어판 번역에서는 'clarity of vision', 'a sense of proportion' 등으로 옮겼다. 사실 어느 것도 베버가 말하고자 하는 의미를 정확히 담는 것에는 한계가 있는바, 가장 가까운 의미는 '희망적 판단'이 아닌, 있는 그대로의 '현실적 판단' 능력이라 할 수 있다. 마키아벨리가 『군주론』에서 사용한 용법대로 하면 "사변적 상상 대신 사물의 실체적 진실"을 이해하는 능력 혹은 "단맛 속에 숨어 있는 독"을 의식할 줄 아는 능력에 비견할 만하다.

heit라고 부르곤 했던, 그런 내적 태도를 가리키는 것이 아니라는 말이다. 아무것도 만들어 내지 못하는 이 불모의 흥분 상태는 특정 유형의 지식인들(러시아 지식인들이 특히 그렇다. 물론 그들 모두가 그런 것은 아니다)에게서 볼 수 있는 특징이자, 오늘날 '혁명'Revolution이라는 신성화된 이름에 취해 있는 독일 지식인들 사이에서도 큰 부분을 차지하고 있다. 지향하는 바에 대한 뚜렷한 목적의식 없이 흥분하는 이런 마음 상태는 '지적인 척하려는 낭만적 태도'Romantik des intellektuell Interessanten 이상 아무것도 아니다.

단지 열정을 갖는다는 것만으로는 — 그것이 제아무리 순수한 것이라 하더라도 — 정치가가 되기에 충분하지 않다. '대의'에 대한 헌신과 함께, 대의에 대한 책임성이 행동을 이끄는 결정적인 길잡이가 되지 않는다면 말이다.

이를 위해 필요한 것이 균형적 현실 감각이다. 정치가가 가져야 할 매우 중요한 심리적 자질로서 균형적 현실 감각이란 내적 집중력과 평정 속에서 사물을 받아들이는 능력이자, 달리 말하면 사물과 사람에 대해 거리를 두는 능력을 말한다.

정치가에게 있어서 '거리감의 상실'Distanzlosigkeit은 곧 죽음과 입맞춤하는 일이 될 것이다. [여러분 같은] 미래의 지식인들이 이런 거리감을 잘 연마하지 못한 채 정치를 하게 되면 결국 정치적 무능력자로 비난받는 일에 직면할 것이다. 문제의 핵심은 이런 것이다. 뜨거운 열정과 냉철한 현실 감

---

45) 게오르크 지멜(1858~1918). 독일의 철학자이자 사회학자.

각이 한 사람의 영혼 속에서 어떻게 공존할 수 있을까?

정치는 머리로 하는 것이지, 다른 신체 기관이나 영혼으로 하는 것은 아니다. 그러나 정치가 경박한 지적 유희가 아니라 진정한 인간 행위가 되려면, 정치에 대한 헌신은 열정에 의해서만 만들어질 수 있고 또 유지될 수 있다. 그럼에도 불구하고 열정적 정치가를 그저 '불모의 흥분 상태'에 있는 정치적 아마추어들과 구분하게 해주는 것은, 영혼에 대한 자기 통제력이 있느냐에 있다. 그리고 이는 오로지 거리감에 스스로 익숙해져야만 성취될 수 있다.

정치가의 인격이라 할 만한 '개성적 힘'Persönlichkeit의 '강함'Stärke이란 다른 무엇보다도 이상의 자질을 얼마나 잘 갖추고 있느냐에 달려 있다. 매일 그리고 매 순간 정치가는 자신의 내부로부터 스스로를 위협하는 사소하고도 지극히 인간적인 적과 싸워 이겨야만 하는데, 그것은 바로 허영심Eitelkeit이다. 허영심은 대의에 대한 그 모든 헌신과 자기 자신에 대한 그 모든 거리감을 유지하지 못하게 하는 치명적인 적이다.

허영심은 매우 널리 퍼져 있어서 어디서나 볼 수 있는 속성이다. 누구도 그것으로부터 완전히 자유롭지는 못하다. 대학과 학자들의 세계에서 허영심은 일종의 직업병이다. 그러나 학자들의 경우 허영심 때문에 호감을 얻지 못한다 해도 그 때문에 지식을 추구하지 못하는 것은 아니다. 그렇기에 상대적으로 폐해가 적다. 정치가의 경우는 전혀 다르다.

권력을 향한 야심은 정치가가 일을 하기 위해 꼭 필요한 도구이다. 흔히 '권력 본능'Machtinstinkt이라고 불리는 것이 정치가에게는 정상적인 자질의 하나이다. 그러나 이런 권력 추구가, 전적으로 '대의'에 대한 헌신을 목표로 하는 것이 아니라 객관성을 결여한 채 순전히 개인적인 자기도취를 목표로 하는 순간, [정치가라는] 그의 직업이 갖는 신성한 정신에 대한 죄악이 시작된다. 왜냐하면 정치 영역에서는 궁극적으로는 두 종류의 치명적 죄악이 있을 뿐이기 때문이다. 객관성의 결여와 (항상 그런 것은 아니지만 흔히 이것과 동일시되는) 책임성의 결여가 그것이다.

허영심, 즉 가능한 한 자기 자신을 전면에 내세우려는 욕구는 정치가를 이 두 죄악 가운데 하나 또는 둘 다를 범하도록 유혹하는 아주 강력한 힘이다. '충격 효과'Wirkung에 의존할 수밖에 없는 데마고그에게는 특히나 더 그렇다. 바로 이런 이유로 항상 그는 배우가 되어 버릴 위험뿐만 아니라, 자신의 행동에 대해 가져야 할 책임성을 가볍게 여기고, 자신이 만들어 낸 '인상'Eindruck에만 연연할 위험에 처하게 된다.

객관성의 결여는 그로 하여금 진정한 권력이 아니라 권력의 화려한 외관만을 추구하게 한다. 그의 무책임성은 그로 하여금 그 어떤 실질적인 목적도 없이 단지 권력 그 자체를 즐기게 만든다. 비록 정치에서 권력은 불가피한 수단이고 권력에 대한 야심은 모든 정치 행위를 추동하는 힘 가운데 하나지만, 아니 오히려 바로 그렇기 때문에, 벼락부자처럼 자신의 권력에 대해 허풍을 떨거나 권력감에 도취되기 쉽다. 허영에 찬 자기 모습을 보지 못한 채 순전히 권력 그 자체를 숭배하는 것보다 정치 에너지를 잘못 사용하게 하는 해로운 일은 없다.

다른 곳에서만큼이나 이곳 독일에서도 '권력정치가'Machtpolitiker가 열정적으로 숭배되고 있다. 외견상 강한 인상을 갖는 것처럼 보이지만, 사실 그의 행동은 공허하고 우스꽝스러울 뿐이다. 이 점에서 '권력정치'Machtpolitik에 대한 비판은 전적으로 옳다.

전형적인 권력정치형 인물들이 내적으로 일순간 붕괴되는 모습을 통해 우리는 이들의 웅장하지만 내용은 없는 자태의 이면이 얼마나 나약하고 무기력한지를 목격한 바 있다. 그것은 인간 행위가 갖는 의미에 대한, 극도로 빈약하고 얄팍한 오만의 산물이 아닐 수 없다. 그런 오만은 모든 행위, 그러나 특히나 정치 행위가 진정으로 내포하고 있는 비극성을 전혀 인식하지 못하는 데서 비롯된다.

정치 행위의 궁극적 귀결이 애초의 의도 내지 목표와 전혀 동떨어지거나 심지어 정반대되는 경우를 우리는 흔하게 본다. 그런 일이 흔하고 일반적이라는 것은 틀림없는 사실이며 근본적으로 역사적 사실에도 부합한다. 이 점을 여기서 더 상세히 설명할 수는 없다. 그렇다고 이 대의에 대한 헌신이라는 애초의 의도나 목표가 없어도 된다는 것은 아니다. 우리가 확고한 내적 발판 위에서 행위하고자 한다면 말이다.

정치가가 권력을 추구하고 또 권력을 활용해서 헌신하고자 하는 그 대의가 어떤 성격을 가져야 하는가는 신념의 문제이다. 그가 헌신할 수 있는 목표는 국가적 대의일 수도 있고, 더 나아가 인류애 전반에 대한 것일 수 있다. 윤리적이거나 문화적인 대의일 수도 있고, 현세적이거나 종교적인 대의일 수도 있다. 그는 '진보'Fortschritt — 그것이 무엇을 의미하든 — 에 대한 강한 믿음에 의해 열의를 발휘할 수도 있고,

아니면 냉정하게 판단해 이런 종류의 믿음을 거부할 수도 있다. 어떤 '이념/이상'Idee에 헌신하고 있다고 주장할 수도 있고, 근본적으로 이념에 헌신한다는 그런 발상 자체를 거부하면서 일상의 구체적 목표에 헌신할 수도 있다.

어떤 종류의 것이든 항상 신념Glaube이 있어야 한다. 그렇지 않으면 표면적으로는 아무리 당당한 정치적 성공이라 하더라도 이 성공에는 피조물 특유의 공허함이라는 저주가 드리울 것이다. 이는 부인하려 해도 부인할 수 없는 사실이다.

2. 대의와 신념 그리고 도덕

방금 말한 것과 함께 우리는 이제 오늘 밤 우리가 다루어야 할 마지막 주제에 들어섰다. '대의'라고 하는 정치의 에토스(윤리)에 대한 문제가 그것이다. 정치의 목표가 무엇이든 그와는 별개의 문제로서, 우리의 삶을 이끄는 전반적 도덕 경제[46] 안에서 정치 그 자체는 어떤 고결한 소명 의식을 가질 수 있을까? 정치의 윤리적 고향은 대체 어디에 있다고 말할

---

[46] 도덕 경제sittlichen Gesamtökonomie란 인간 생활에 필요한 것이 공정하고 정의롭게 생산되고 소비되어야 한다는 윤리적 경제 관념을 가리킨다. 18세기 후반 자본주의가 발전하면서 경제는 도덕이나 윤리와 무관한 영리 추구 활동으로 정의되기 시작했다. 그 결과 도덕 경제의 관념은 급격히 사라졌는데, 최근 공정 경제나 윤리적 소비 등의 개념을 통해 일부 부활하고 있다고 할 수 있다.

수 있을까?

　이 지점에 이르면 우리는 궁극적 세계관들이 서로 충돌하는 상황에 빠질 수밖에 없고, 결국 그 가운데서 선택하지 않을 수 없게 된다. 최근 이 문제를 둘러싼 논의가 다시 시작되었고 내가 보기에 매우 잘못된 관점에서 다루어지고 있다. 이하에서는 이 문제를 제대로 살펴보기로 하자.

　우선 아주 사소한 왜곡부터 바로잡자. 먼저 지적해야 할 것은 윤리의 문제가 도덕적으로 지극히 재난적인 역할을 할 수도 있다는 점이다. 몇 가지 예를 들어 보자.

　한 남자의 사랑이 한 여자에게서 다른 여자에게로 옮겨 갔을 경우, 이 남자는 거의 틀림없이 그 사실을 정당화하고 싶은 욕구를 느낄 것이다. '그녀는 나의 사랑을 받을 만한 사람이 못 되었다.'라거나, '그녀는 나를 실망시켰다.'라거나 또는 이와 유사한 '이유들'Gründe을 대면서 말이다. 근본적으로 이는 기사도 정신에 어긋나는 태도이다. 왜냐하면 그것은, 자신이 그녀를 이제 사랑하지 않는 것은 그저 운명일 뿐이고 이 사실을 감당해야 하는 것은 그녀의 몫이라며, 자기 자신을 위해 '정당성'을 날조하는 짓이기 때문이다. 이를 근거로 자신에게는 그녀를 떠날 권리를 부여하고, 그녀에게는 배반당한 불행에 더해 부당함까지 뒤집어씌우고 있기 때문이다.

　애정 문제를 둘러싼 경쟁에서 이긴 자가, 상대방은 자신보다 못난 자임이 틀림없고 그렇지 않다면 그가 졌을 리 없다는 식으로 자기 정당화를 하는 것도 똑같은 행동이다. 전쟁에 이긴 승리자가, 내가 옳았기 때문에 이겼다며 유치한 태도를 보인다면 이것 역시 다를 바 없다.

또는 누군가 전쟁의 참혹함 속에서 정신적 좌절을 겪게 되었을 때, 그저 소박하게 '나로서는 정말 견디기 힘들었어.'라고 말하지 않고, 전쟁에 지친 자신을 정당화하고 싶은 마음에서 '내가 견딜 수 없었던 이유는 도덕적으로 옳지 못한 대의를 위해 싸워야만 했기 때문'이라고 한다면 이 또한 마찬가지의 잘못을 저지르는 게 된다.

똑같은 현상을 우리는 전쟁에 패한 자들에게서도 발견한다. 사실 전쟁은 사회의 구조적 문제 때문에 일어나는 경우가 대부분이다. 따라서 당당하고 냉철한 자세를 가진 사람이라면 전쟁이 끝났을 때 늙은 아낙들처럼 누구 때문이라며 '책임자'Schuldigen를 색출하러 다니지는 않을 것이다. 그 대신 적에게 다음과 같이 말할 것이다. '전쟁에서 우리가 졌고 당신들이 이겼다. 그 문제는 끝났다. 그러니 이제부터는 객관적인 이해관계를 어떻게 처리할지의 관점에서 결론을 내자. 이를 위해 무엇보다도 중요한 것은 우리가 짊어져야 할 미래에 대한 책임에 있을 것이다. 미래에 대한 무거운 책임성을 인식하는 것은 승자에게도 꼭 필요한 일이라고 본다.'

다른 어떤 태도도 이보다 품위 있을 수는 없으며, 그 어떤 유익함도 가져다주지 않을 것이다. 국민은 국가이익의 손실은 용서하겠지만 국가의 명예가 상처받는 것은 용서하지 않을 것이다. 특히나 이런 일이 [위정자나 협상자의] 스스로 옳다고 생각하는 독선 때문에 일어날 경우 더더욱 그럴 것이다.

전쟁을 둘러싼 도덕 논쟁은 전쟁의 종식과 함께 묻어 둬야 할 사안이다. 그렇지 않으면 새로운 문서가 공개될 때마다 매번 꼴사나운 소동과 증오, 분노를 불러일으킬 것이다.

수십 년이 지나도 그럴 것이다. 도덕적 책임 논쟁이 되지 않게 하는 것은 오로지 객관성을 잃지 않는 태도와 기사도 정신, 그리고 다른 무엇보다도 품위를 잃지 않는 행동에 있다.

전쟁에 대한 '도덕적 접근'으로는 그 어떤 것도 가능하지 않은데, 그 이유는 도덕적 기준에 따른 논쟁은 승자와 패자 모두를 비열하게 만들기 때문이다. 정치가라면 미래에 초점을 맞추거나 미래에 대한 책임성을 중시하는 접근을 해야 할 텐데, 그렇지 않고 도덕적으로 문제에 접근하면 해결할 수도 없고 정치적으로 소모적일 뿐인 과거의 죄과를 따지는 일에 결박된다. 정치적 죄과라는 것이 있다면 그것은 바로 이런 것이다.

더구나 그 과정에서 모든 쟁점이 물질적인 이해관계로 말미암아 왜곡되는 결과도 피할 길이 없다. 필연적으로 승자는 도덕적인 이득이든 물질적인 이득이든 가능한 한 최대로 얻으려는 바람을 갖게 될 것이기 때문이다. 반대로 패자는 전쟁 책임을 인정하는 대가로 협상에서 양보를 얻어 냈으면 하는 바람을 갖게 될 것이다.[47] 만약 무언가 '비열한'gemein 것

---

47) 이 부분에서 베버가 염두에 둔 것은 급진파 지식인 가운데 한 명이었던 쿠르트 아이스너Kurt Eisner의 주장이었다. 아이스너는 제1차 세계대전은 독일의 책임이라는 것을 유보 없이 인정함으로써 평화 협상에서 독일의 지위를 높일 수 있다고 주장했다. 하지만 그 이후 독일 사회는 평화주의자와 군국주의자 사이의 극단적 논쟁과 함께 상대방에 대한 폭력 행사로 큰 혼란에 빠졌다. Owen and Strong eds., *The Vocation Lectures*, p. 80 참조.

이 있다면 그것은 바로 '자신이 옳기'Rechthabens 위한 수단으로 '윤리의 문제'Ethik를 이용하는 것이 아닐 수 없다.

그렇다면 윤리와 정치 간의 진정한 관계는 어떤 것일까? 흔히 말하듯이 정치와 윤리는 서로 무관한 것일까? 아니면 반대로 다른 모든 행위에 대해서와 '똑같은'dieselbe 윤리를 정치적 행위에도 적용하는 것이 옳은 것일까?

흔히 사람들은 이 두 주장 가운데 하나만 옳다거나, 각각이 지향하는 대안은 완전히 상호 배타적이라고 여겨 왔다. 그런데 세상에 그 어떤 윤리론이 있기에 애정, 사업, 가족, 배우자, 채소 장사 아주머니, 자식, 경쟁자, 친구, 피고와의 관계 모두에 적용할 수 있는 동일한 내용의 계율을 확립할 수 있단 말인가? 정치에 윤리적 요구를 부과하는 문제와 관련해, 정치란 하나의 특수한 수단, 다시 말해 폭력/강권력을 내포하고 있는 권력이라는 수단에 의해 움직인다는 사실이 고려되지 않아도 되는 걸까?

[러시아 공산당의] 볼셰비키와 [독일 공산당의] 스파르타쿠스단 이데올로그들 역시 바로 이런 정치적 수단을 사용하고 있기 때문에 군사독재자와 똑같은 결과를 만들어 냈음을 우리는 보지 않았는가? 노동자-병사 평의회의 지배와 구체제 권력 집단의 지배는 인물이 교체되었다는 사실과 아마추어리즘을 빼고 나면 어떤 차이가 있을까?

새로운 윤리의 주창자들로 알려진 혁명파들이 반대파들에게 가하는 격렬한 비판은 다른 데마고그들이 하는 비판과 무슨 차이가 있을까? 그래도 거기에는 숭고한 의도가 있지 않은가! 누군가는 그렇게 말할지 모르겠다. 좋다. 그러나 여기서도 중요한 문제는 수단이다. [의도만 말한다면] 그들이 비판하는 반대파 역시 자신들이 궁극적으로 숭고한 의도를 갖고 있다고 주장한다. 그들은 자신의 입장에서 완전한 진정성을 갖고 그렇게 주장한다. "칼로 흥한 자는 칼로 망하리라."라는 말도 있지만, 어디서든 싸움은 싸움일 뿐이다[누구도 자신에게만 진정성이 있다고 강요할 수 없다].

그렇다면 산상수훈[48]의 윤리에 대해서는 어떻게 말할 수 있을까? 복음서의 절대 윤리를 담고 있는 산상수훈은 오늘날 이 계명을 즐겨 인용하는 자들이 믿고 있는 것보다 훨씬 더 진지한 의미를 담고 있다. 산상수훈을 가지고 농담할 수는 없을 것이다. 우리가 과학에서 인과율에 대해 해온 말, 즉 그것은 우리가 마음대로 정지하고 기분에 따라 타고 내릴 수 있는 그런 삯마차가 아니라는 말[49]은 산상수훈의 윤리에도 그대로 적용된다.

그 의미를 진부한 것으로 전락시키지 않고 말한다면, 산상수훈이 의미하는 바는 정확히 전부 아니면 전무에 있다. [「마태복음」 19장 22절에 있는] 한 부유한 청년의 사례에서 "그 청년이 재물이 많으므로 이 말씀을 듣고 근심하며 가니라."라고 말하고 있다. 복음서의 명령은 절대적이고 명백하다. 그

---

48) 신약성서 「마태복음」 5~7장에 기록된 예수의 산상설교로 참된 신앙 생활에 대한 가르침이 담겨 있다.

49) 이 부분은, '인과율'이란 자유롭게 타고 내릴 수 있는 마차가 아니라고 비유한 아르투어 쇼펜하우어에게 빌려 온 것이라 한다. Owen and Strong eds., *The Vocation Lectures*, p. 81 참조.

것은 '가지고 있는 것을 모두 내놓아라, 모든 것을 무조건'이라고 말한다. [이와 달리] 정치가라면, 만약 그것이 모두에게 적용되는 요구가 아닌 한 그 명령은 부당하고 사회적으로 무의미하다고 응수할 것이다. 과세, 징수, 몰수처럼 모두에게 적용될 수 있는 강제와 명령이 아니라면 말이다.

그러나 윤리적 명령은 그런 문제에 전혀 개의치 않는데, 바로 그것이 윤리적 명령이 가진 핵심이기도 하다. 한쪽 뺨을 치거든 "다른 뺨도 내주어라!"Halte den anderen Backen hin!, 그것도 무조건, 무슨 권리로 당신을 때리는지는 묻지도 말고 그러라는 것이다. 이것은 적어도 성자가 아닌 사람들에게는 모욕을 감수하라는 윤리이다. 이것이 문제의 핵심이다. 인간은 모든 점에서 성자가 되어야 한다는 것, 아니면 적어도 성자가 되고자 소망해야 한다는 것, 예수나 그의 제자, 성 프란체스코 또는 그런 사람들처럼 살아야 한다는 것, 그래야만 이와 같은 윤리가 의미를 갖게 되고 존엄성의 표현이 될 수 있다는 것이다.

그러나 다른 경우에는 적용될 수 없다. 왜냐하면 [이 세상을 영원한 것의 그림자에 지나지 않는다고 보는 현실도피적] 무우주론적akosmistischen 사랑의 윤리는 "악에 대해 폭력으로 대항하지 말라."[50]고 말하지만 정치가는 정반대의 격언, 즉 "너는 악에 대해 폭력으로 저항해야만 한다. 만약 그렇게 하지 않

---

50)「마태복음」5장 39절. "나는 너희에게 이르노니 악한 자를 대적하지 말라. 누구든지 네 오른뺨을 치거든 왼뺨도 돌려 대며."

으면 악의 만연에 대한 책임은 너에게 있다."라는 명제에 따라야 하기 때문이다.

복음서의 윤리에 따라 행동하고자 하는 자는, 파업을 해서는 안 된다. 왜냐하면 파업 역시 강제의 한 형태이기 때문이다. 그보다는 어용 노조에 가입하는 것이 마땅하다. 무엇보다도 그는 '혁명'을 운운해서는 안 된다. 왜냐하면 그 어떤 복음서도 내전을 정당화해 주지 않기 때문이다. 복음서에 따라 행동하는 평화주의자는 이 전쟁 그리고 나아가 모든 전쟁을 소멸시키기 위한 윤리적 의무를 실천하고자, 무기를 드는 것을 거부하거나 그것을 내버릴 것이다. 실제로 그들은 우리 독일인들에게 그렇게 권고했다.

정치가라면 전쟁을 피할 유일한 방법은 현상 유지에 기초한 평화협정Statusquo-Friede이라고 말할 것이다. 만약 그렇게 했다면 관련국의 국민들은 이렇게 물었을 것이다. 왜 전쟁을 한 거지? 그랬다면 결국 전쟁은 어리석은 일이라는 결론에 이르렀을 것이다. 지금은 일이 그렇게 되기 어렵다. 승자들에게는 — 적어도 그들의 일부에게는 — 전쟁을 한 것이 결국에는 정치적으로 채산이 맞는 일이 되어 버렸기 때문이다.

그들은 바로 그런 이득을 챙겼고, 우리는 전혀 저항할 수 없었다. 따라서 이제부터는 — 특히 현재와 같은 피폐한 상황이 지나고 나면 — 전쟁이 아니라 평화협정을 한 것을 비난받는 상황이 될 것인바, 이 역시 절대 윤리가 가져올 결과가 아닐 수 없다.

끝으로 진실에 대한 의무라는 문제를 살펴보자. 절대 윤리의 관점에서 볼 때 이 의무는 무조건적이다. 그것이 의미하는 바는 이렇다. 모든 문서는 공개되어야 한다. 특히 우리 자신에게 잘못의 책임을 지울 수 있는 문서들이 공개되어야 한다. 이들 문서에 기초해 일방적으로 그리고 무조건 잘못을 인정해야 한다. 결과가 어찌될지를 고려해서는 안 된다.

[그러나] 정치가라면 다음과 같이 생각할 것이다. 그 문서의 공개는 진실이라는 대의에 기여하지 못할 것이다. 오히려 더 모호해질 것이다. 공개된 문서들이 악용될 것이고 이를 둘러싸고 격렬한 반응이 분출될 것이다. 따라서 정치가라면 다음과 같이 결론을 내렸을 것이다. 공정한 인사들로 하여금 [전쟁 관련 정책 실패를] 체계적이고 포괄적으로 조사하게 하는 것만이 모든 국가에 도움이 되는 유일한 방안이다. 그 외의 다른 방식은 앞으로 수십 년 안에 회복될 수 없는 나쁜 결과를 가져올 뿐이다. 하지만 절대 윤리는 그런 '결과'Folgen의 문제에 개의치 않는다.

3. 신념 윤리와 책임 윤리

[결과를 묻지 않는 것] 그것이 결정적인 점이다. 윤리적 지향성을 갖는 모든 행위는 근본적으로 서로 다르고 화해하기 어려운 대립적인 두 원칙을 따른다고 이해하지 않으면 안 된다. 하나는 '신념 윤리를 따르는'gesinnungsethisch 원칙이고 다른 하나는 '책임 윤리를 따르는'verantwortungsethisch 원칙이다.

신념 윤리는 무책임과, 책임 윤리는 무신념과 동일하다는 의미가 아니다. 당연히 그런 문제가 아니다. 그러나 우리가 신념 윤리의 원칙에 따라서 행동하는가 — 종교적으로 표현하자면 '기독교도는 올바른 행동을 할 뿐, 결과는 신에게 맡긴다.'[51]는 식 — 아니면 책임 윤리의 원칙에 따라 — 우리는 우리 행동의 (예견 가능한) 결과에 대해 책임져야 한다는 식으로 — 행동하는가 사이에는 심연과 같은 깊은 차이가 있다.

신념 윤리를 신봉하는 생디칼리스트[선거와 대의제를 부정하고 대중의 직접행동을 통해 체제 전복을 추구하는 사람]에게 다음과 같이 설득력 있게 설명한다고 해보자. 즉, 그들의 행동은 반동 세력의 기회를 증대하는 반면, 자기 계급의 억압 상황을 심화하고 그 계급의 발전을 저해할 뿐이라고 말이다. 이런 설명은 그에게 아무런 영향을 주지 못할 것이다. 순수한 신념에서 나오는 행위가 나쁜 결과를 가져온다 하더라도, 이들은 그 책임을 자신의 행위가 아니라 세상의 책임이자 타인들의 어리석음 또는 인간을 어리석게 창조한 신에게 돌린다.

그에 반해 책임 윤리를 따르는 사람은 인간이 가진 평균적 결함을 고려한다. 피히테[52]가 정확히 지적했듯이, 그는 인간의 선의와 완전함을 전제할 어떤 권리도 갖고 있지 않기 때문이다. 그는 자기 행위의 결과를 예측할 수 있는 한에서는 그 결과에 대한 책임을 다른 사람에게 떠넘길 수 없다고

---

51) 이 부분은 마르틴 루터가 「창세기 강론」에서 사용한 표현을 원용한 것이라 한다. Owen and Strong eds., *The Vocation Lectures*, p. 83 참조.

52) 이 부분은 요한 고틀리프 피히테가 (인간 삶의 가장 기초적인 사실은 인간은 선하기만 한 것이 아니라 악의 본성도 지녔다는) 마키아벨리의 주장을 옹호하며 덧붙인 말이라고 한다. 같은 책, p. 84 참조.

생각한다. 그는 '이런 결과가 초래된 것은 나의 행위에 책임이 있다.'라고 말할 것이다.

그에 반해 신념 윤리를 따르는 사람이 '책임'을 느끼는 것은, 정의롭지 못한 사회질서에 항의하는 것과 같은 순수한 신념의 불꽃이 꺼지지 않도록 하는 일에 대한 것뿐이다. 이 불꽃을 늘 새롭게 되살리는 것만이 그의 행위가 지향하는 목적이다. 그것은 실현 가능성의 관점에서 보면 전적으로 비합리적인 행동이다. 그것은 본받을 만한 모범을 보인다는 가치 밖에는 가질 수 없는 행동이다.

그러나 문제가 여기서 끝나는 것은 아니다. 세상의 그 어떤 윤리도 피해 갈 수 없는 사실은, '선한' 목적을 달성하기 위해 많은 경우 우리는 도덕적으로 의심스럽거나 위험한 수단을 택하지 않을 수 없으며, 부작용이 수반될 가능성 또는 개연성을 감수할 수밖에 없다는 것이다. 또한 윤리적으로 선한 목적을 갖는다고 해서 그것이 위험한 수단과 부정적 결과를 '정당화'해 줄 수 있는 상황은 언제이며, 또 어느 정도 정당화해 줄 수 있는지를 분별해 주는 그 어떤 윤리도 세상에는 없다.

정치에서 가장 결정적인 수단은 폭력/강권력이다. 윤리적으로 볼 때 수단과 목적 간의 긴장이 얼마나 큰 영향을 미치는지는 치머발트회의[53] 때 나타난 혁명적 사회주의자들의

---

53) 1915년 스위스의 치머발트Zimmerwald에서 제1차 세계대전에 반대할 목적으로 개최된 국제 사회주의자들의 회의.

사례에서 볼 수 있다. 모두들 알고 있듯이, 이들은 전쟁 중임에도 불구하고 하나의 원칙을 천명했는데 이 원칙을 요약하자면 다음과 같다.

'앞으로 몇 년 동안 전쟁이 지속된 뒤 혁명이 일어나는 것과, 지금 평화협정을 하고 혁명이 일어나지 않는 것 사이에서 어느 한쪽을 선택해야 한다면 우리는 전쟁을 몇 년 더 계속하는 쪽을 택할 것이다!' 이어서 '이 혁명은 무엇을 가져다줄 것인가?'라는 질문을 받게 될 경우, 과학적으로 훈련을 받은 사회주의자라면 누구나 다음과 같이 대답할 것이다. '우리가 생각하는 그런 의미에서 사회주의적이라고 부를 수 있을 경제체제로의 이행은 일어나지 않을 것이다. 오히려 부르주아 경제체제가 다시 세워질 것이며, 그것은 봉건적 요소와 왕조적 잔재들을 겨우 털어 버리게 될 것이다.'

이런 대단치 않은 결과를 위해 그들은 '몇 년간 더 전쟁을!' 수용하겠다는 것이다. 이 경우에는 제아무리 확고한 사회주의적 신념을 가진 사람도 [몇 년 더 전쟁이라는] 그런 '수단'을 요구하는 '목적'을 거부하는 것이 당연할지 모른다. 그러나 볼셰비즘과 스파르타쿠스주의, 그리고 사실 모든 종류의 혁명적 사회주의는 정확히 그런 상황에 처했다. 따라서 그런 사람들이 구체제를 '폭력 정치'Gewaltpolitiker라며 도덕적으로 비난하는 것은, 그들 자신도 [폭력이라는] 꼭 같은 수단을 기꺼이 사용하려 한다는 점에서 보면, 당연히 우스꽝스러운 일이다. 비록 그들[구체제 폭력 정치]의 목적을 거부하는 것이 전적으로 옳다고 하더라도 말이다.

이 문제, 즉 목적에 의한 수단의 정당화라는 이 문제에서 신념 윤리는 좌절할 수밖에 없는 것으로 보인다. 사실 논리적으로 보면 신념 윤리의 입장은 도덕적으로 위험한 수단을 사용하는 일체의 행위를 배척하는 것 이외에 다른 선택을 할 수 없다. 논리적으로는 그렇다.

물론 현실의 세계에서는 신념 윤리가 갑자기 천년왕국을 말하는 [종말론적] 예언자chiliastischen Propheten로 돌변하는 것을 늘 보게 된다. 예컨대 방금 전까지 '폭력에 대항하는 사랑'을 설파하는 사람이 다음 순간 폭력에 호소하는데, 그때의 폭력은 모든 폭력이 영원히 제거된 상황을 창출할 수 있는 마지막 폭력이라고 말한다. 마치 우리의 장교들이 공격작전을 할 때마다 병사들에게 이 공격이 마지막이며 이것이 승리와 평화를 가져다주리라고 말하는 것과 똑같다.

신념 윤리를 따르는 사람은 세상의 윤리적 비합리성을 견디지 못한다. 그는 [모든 것이 우연적으로 보이는 현세에도 신의 의지가 작용한다고 보는] 우주론적 윤리에 기초한 '합리주의자'Rationalist이다. 여러분 가운데 도스토옙스키를 아는 사람들은 대심문관이 나오는 장면54)을 기억할 것이다. 바로 거기에 이 문제가 통렬하게 해부되고 있다.

신념 윤리와 책임 윤리를 조화하는 것은 불가능하다. 설사 우리가 목적에 의해 수단을 정당화하는 원칙을 어느 정도

---

54) 도스토옙스키, 『카라마조프가의 형제들』의 5권 5장에 나오는 부분으로, 대심문관이 재림한 예수를 체포해 사형에 처하는 과정에서 인간 구원에 대한 극단적 합리주의의 관점을 잘 나타내고 있다.

인정한다고 하더라도, 어떤 목적이 어떤 수단을 정당화하는지를 결정할 수 있는 윤리적 계율을 만드는 것은 불가능하다.

4. 정치의 윤리적 문제가 갖는 독특함

그의 신념이 가진 참다운 순수성 때문에 내가 인격적으로 매우 높이 평가하는 — 비록 정치가로서는 절대로 받아들일 수 없지만 — 동료 교수 [반전 평화주의자] 푀르스터Friedrich Wilhelm Foerster는 그의 저서에서 이 어려움을 다음과 같은 단순한 명제를 통해 피해 갈 수 있다고 믿는다. 선한 것에서는 오로지 선한 것만 나올 수 있고 악한 것에서는 단지 악한 것만 나올 수 있다는 명제가 그것이다.

만약 그렇다면 지금까지 논의한 그 모든 문제의 복잡성은 전혀 존재하지 않을 것이다. 그러나 정말 놀라운 것은 『우파니샤드』[55]가 쓰인 지 2500년이 지난 지금까지도 그런 명제가 세상의 빛을 볼 수 있다는 사실이다. 세계사의 모든 과정뿐만 아니라 그저 일상적 경험만이라도 편견 없이 있는 그대로 살펴봐도 사실은 그 반대임을 알 수 있는데 말이다.

세상의 모든 종교의 발전 역시 결국 그 반대가 사실이기

---

55) 『우파니샤드』는 기원전 7세기부터 쓰이기 시작한, 고대 인도 철학의 원천이 되는 문헌의 하나로, 존재하는 것들의 궁극적 기원과 본성을 논했다. 거짓으로부터 진실을, 어둠으로부터 빛을, 죽음으로부터 불멸을 구할 수 있는 수행과 명상을 강조했다.

에 가능한 일이다. [고통과 악, 죽음 등의 현상을 신의 존재에 의거해 정당화하려는 믿음의 체계인] 신정론Theodizee이 안고 있었던 가장 오래된 문제는 바로 다음과 같은 질문이었다. 전지전능하면서 동시에 자비롭다고 믿어지는 [신의] 힘이 어떻게, 부당한 고통과 처벌받지 않는 불의 그리고 개선의 여지가 없는 어리석음으로 가득 찬 이 불합리한 세계를 창조할 수 있었는가?

아마도 그 힘이 전지전능하지도 자비롭지도 않을 수 있다. 아니면 전혀 다른 보상과 보복의 원칙으로 우리의 삶을 지배할 수도 있다. 그런데 그런 원칙들이란 형이상학적으로나 해석 가능한 것 혹은 영원히 해석 불가능한 것이다. 바로 이 문제, 즉 세상이 불합리하다는 것에 대한 경험이 결국 모든 종교 발전을 추동한 힘이었다. 인도의 업보론, 그리고 페르시아의 이원론, 원죄설, 예정설 그리고 '숨어 계신 신'Deus absconditus[56]은 모두 정확히 이런 경험으로부터 나온 것이다.

초기 기독교 역시, 세상은 데몬들에 의해 지배되고 있으며, 정치에 관여하려는 사람, 즉 권력과 폭력/강권력이라는 수단에 관여하려는 사람은 누구나 악마적 힘과 거래를 하게 된다는 것을 잘 알고 있었다. 인간의 행위와 관련해 보면 선한 것이 선한 것을 낳고, 악한 것이 악한 것을 낳는다는 것은 사실이 아니다. 차라리 그 반대인 경우가 더 많다. 이를 인식하지 못하는 자는 실로 정치적 유아에 불과하다.

---

56) 창조주인 신과 피조물로서 자연이나 인간 사이에는 건널 수 없는 심연이 가로놓여 있고 신은 피조물로서는 헤아릴 수 없는 존재로 이해된다.

종교 윤리는 우리 삶이 다양한 생활 질서 속에 놓여 있으며, 그 각각이 서로 다른 법칙에 의해 지배되고 있다는 사실에 대해 여러 가지 방식으로 대응해 왔다. 희랍의 다신교는 아프로디테에게도, 헤라에게도, 디오니소스에게도 그리고 아폴론에게도 똑같이 제물을 바쳤는데, 이 신들이 자주 서로 다툰다는 것을 알고 있었기 때문이다.

힌두교적 삶의 질서는 다양한 직업 각각을 하나의 특수한 윤리적 계율, 즉 [인도의 고전인 『베다』에서 사용된 말로, 자연계의 법칙 내지 인간계의 질서를 나타내는] 다르마dharma의 대상으로 삼았다. 각각의 직업을 영원히 분리되는 카스트에 속하게 했다. 그렇게 해서 이들을 하나의 고정된 위계적 신분 체계로 조직했다. 이런 신분 체계 속에서 한번 태어나고 나면 거기서 벗어날 길은 없었고, 각자가 도달할 수 있는 가장 높은 종교적 구원의 경지는 서로 다르게 배열되었다. 다음 생에서 다른 카스트로 다시 태어나지 않는 한 피할 길은 없었다. 이렇게 하여 힌두교는 고행자 그리고 브라만에서 시작해 도둑과 창녀에 이르기까지 모든 카스트의 다르마를 각 직업에 내재하는 고유한 법칙에 따라 정교하게 완성해 낼 수 있었다. 여기에는 전쟁과 정치도 포함되어 있었다.

여러분이 「바가바드기타」Bhagavadgita[57]에서 크리슈나와 아

---

57) 기원전 10세기경 북인도에서 일어난 것으로 상정되는, 두 부족 간의 항쟁에 대한 설화를 담고 있는 민족 서사시, 『마하바라타』*Mahabharata* 의 6편에 실려 있는 종교시.

르주나 간의 대화를 읽어 보면, 전쟁이 삶의 질서 전체 속에 어떻게 편입되어 있었는지를 알 수 있다. [거기에는] "필요한 행동을 하라."고 되어 있다. 그것이 의미하는 바는 무사 카스트의 법과 규칙이 정한 의무로서 어떤 일이 부과되더라도 그것을 하라는 것이다. 전쟁의 목적과 관련해서도 객관적으로 불가피한 것이라면 무엇이라도 하라는 것이다.

이 신앙에 따르면 그런 행동은 종교적 구원을 얻는 데 해가 되는 것이 아니라 오히려 도움이 된다. 인도의 무사는 장렬하게 전사할 때 [인도의 3대 신 가운데 하나인] 인드라Indra의 극락에 간다는 확신이 있었다. 그것은 게르만인들이 [전사자가 가는 천국을 뜻하는] 발할라를 확신했던 것과 마찬가지다. 반면에 인도의 무사는 열반Nirvâna에 들어가는 것을 [자신의 직분에 맞지 않는 것이기에] 거부했을 것이다. 게르만 무사 역시 천사의 합창이 울려 퍼지는 낙원에 들어가기를 거부했을 것이다.

이처럼 [직업에 따라] 윤리를 분화시켰기 때문에 인도 윤리는 정치라는 제왕의 기술을 주저 없이 정치 고유의 법칙에 따라 다룰 수 있게 했다. 나아가 정치만의 고유 법칙을 급진적일 정도로 심화할 수 있게 해주었다. 통상적인 의미에서 진실로 철저한 형태의 '마키아벨리즘'은 카우틸리아Kautilya의 『아르타샤스트라』Artha-sâstra라고 하는 인도 문헌(예수가 탄생하기 훨씬 전, 아마도 찬드라굽타 시대의 문헌)에 고전적 형태로 표현되어 있다. 이에 비하면 마키아벨리의 '군주론'은 오히려 순진하다.

푀르스터 교수가 공감하고 있는 가톨릭 윤리는 [청빈, 청결, 순명 같은] 특별한 '복음적 권고'consilia evangelica가 포함되어 있다. 이는 성스러운 삶에 적합한 카리스마를 부여받은 자들을 위한 윤리라 할 수 있다. 하지만 피를 흘려서도(즉, 전투를 해서도) 안 되고 영리 행위를 해서도 안 되는 수도사 옆에는 믿음이 깊은 기사가 있다. 그리고 그 기사에게는 전쟁과 영리 행위가 허용된다.

이처럼 윤리를 서열화하고 이를 구원론과 유기적으로 통합하는 작업은 인도에서와는 달리 일관적이지 않았는데, 이는 기독교적 신앙이 갖는 전제에 따른 것이었다. 즉, 이 세상이 원죄로 인해 타락해 있다고 보았기 때문에 죄악에 대한 징벌 수단이자, 영혼을 위태롭게 하는 이단자들에 대한 징벌 수단으로서 폭력/강권력이 기독교 윤리 속에 비교적 쉽게 도입될 수 있었다.

그럼에도 순수한 신념 윤리를 표현하고 있는 산상수훈의 무우주론적 요구들 및 산상수훈에 기초한 절대적 요구로서 종교적 자연법은 혁명을 일으킬 수 있는 힘을 간직하고 있었다. 실제로 이 힘은 사회적 격변의 시기마다 엄청난 기세로 등장했다. 특히나 그런 요구들은 극단적 평화주의 종파들을 창출했는데, 그 가운데 한 종파는 펜실베이니아에서 대외적 폭력 행사를 배제한 국가를 세우려 했다. 그러나 그 실험의 결과는 비극적이었다. 독립 전쟁이 발발했을 때 퀘이커교도들은 자신들의 이상을 위해 무기를 들고 나설 수 없었기 때문이다. 이에 반해서 프로테스탄티즘은 국가를 — 따라서 폭력이라는 수단도 — 절대적으로 신성한 제도로 정당화했으며, 특히 합법적 권위주의 국가를 승인했다.

루터는 전쟁에 대한 윤리적 책임으로부터 개인을 면제시

켰고 그 책임을 정부에 부과했다. 신앙 문제를 제외한 다른 사안에서 정부 당국에 복종하는 것이 결코 죄가 되지 않는다고 주장했다. 칼뱅주의 역시 신앙을 수호할 수단으로서 폭력, 달리 말해 종교전쟁을 원칙적으로 인정했다. 이슬람의 경우 종교전쟁은 본래부터 핵심적인 종교적 요소였다.

이상을 통해 분명해졌듯이, 정치적 윤리는 근대 이후 새롭게 만들어진 문제가 결코 아니었다. 르네상스 시대 영웅 숭배 의식이 가져온 이단적 사고에서 볼 수 있듯이, 종교적 전통에서 벗어난 새로운 정치 윤리가 근대에 새롭게 만들어졌다고 보긴 어렵다. 오히려 과거의 모든 종교가 정치 윤리의 문제와 씨름했고 다만 그것이 가져온 성취의 정도가 종교마다 달랐을 뿐이다. 지금까지 살펴본 것들은 이 문제를 분명히 하기 위한 것일 뿐 다른 것이 아니었다. 그것은 인간이 만든 조직체가 쥐고 있는 정당한 폭력/강권력이라는 특수한 수단 바로 그 자체가, 정치와 관련된 모든 윤리적 문제에 독특한 성격을 부여하고 있다는 것이다.

5. 혁명적 상황에서의 정치 윤리

그 목적이 무엇이든 간에 폭력/강권력이라는 이 특수한 수단과 손을 잡는 자는 — 정치가라면 하지 않을 수 없는 일인데 — 누구든 그것이 가져오는 특수한 결과에 좌우되지 않을 수 없다. 종교든 혁명이든 신념을 위해 싸우는 사람들이 특히나 그러하다. 오늘날의 상황을 사례로 이야기해 보자.

폭력에 의거해 절대적 정의를 이 세상에서 실현하고자 하는 자는 누구든, 그 목적을 실현하려면 추종자, 즉 인적 '기구'를 필요로 한다. 이들에게 그는 적절한 내적·외적 보상 — 천상에서의 보상이든 지상에서의 보상이든 — 을 약속하지 않으면 안 된다. 그렇지 않으면 이 기구는 작동하지 않는다.

오늘날 전개되고 있는 계급투쟁이라는 맥락에서 내적 보상은 다음과 같은 것을 의미한다. 추종자들의 증오심을 만족시키는 것, 복수하고자 하는 추종자들의 열망을 충족하는 것, 특히나 그들의 분개를 정당화하는 것, 혹은 일종의 사이비 윤리라 할 만한 자신들의 옳음을 정당화하는 것, 적을 비난하고 그를 이단으로 몰고 싶은 욕구를 충족하는 것이 그것이다.

외적 보상에는 모험, 승리, 전리품, 권력, 봉록이 있다. 지도자의 성공 여부는 전적으로 자신의 인적 기구가 원활하게 작동하느냐에 달려 있다. 따라서 그는 자기 자신의 동기가 아니라 이 기구의 동기에 의존하게 된다. 그의 성공 여부는 자신의 추종자와 그에게 필요한 적위대, 밀정들, 선동가들에게 앞서 지적한 보상을 지속적으로 제공할 가능성에 달려 있다.

지도자가 처한 이런 활동 조건에서 볼 때 그가 실제로 무엇을 성취할 수 있을지의 문제는 그 자신이 아니라, 추종자들을 행동하게 하는 — 윤리적인 관점에서 보면 매우 저열하고 저속한 — 동기들에 의해 결정되는 것이다. 그런 동기들을 제어하는 일은 오로지, 지도자 자신의 인물됨과 그가 가진 대의에 대한 진심에서 우러나오는 믿음이 추종자 가운데 일부를 고무할 수 있는 동안만 가능하다. 그들 모두 혹은 대다수를 그렇게 만들 수는 결코 없겠지만 말이다.

그러나 이런 믿음조차 — 비록 그것이 주관적으로는 정직한 것이라 할지라도 — 대개의 경우 복수심, 권력욕, 전리품과 봉록에 대한 욕구를 윤리적으로 '정당화'하는 것에 지나지 않는다. 우리는 이 점을 호도하려는 시도에 넘어가서는 안 된다. 유물론적 역사 해석이라는 것도 이런 사실을 의지대로 바꿀 수 없다. 이 사실은 혁명의 주체들에게도 예외가 아니다! 혁명의 열정이 식은 뒤에는 전통적 일상이 찾아온다. 신념에 찬 영웅이 사라지거나 그 신념 자체가 사라진다. 더 자주 일어나는 일은, 그 신념이 정치적 속물들과 기술자들의 관습적 상투어의 일부가 되어 버린다는 데 있다.

이런 사태 전개는 신념을 위한 투쟁의 경우에 특히나 빨리 나타난다. 왜냐하면 대개 이런 투쟁은 선지자적 혁명가와 같은 순수한 지도자들에 의해 영도되거나 촉발되기 때문이다. 그리고 지도자를 따르는 모든 인적 기구에서 그러하듯이 이 경우에도 추종자들의 정신을 텅 비게 하는 것이 성공을 위한 조건 가운데 하나이기 때문이다. 그것은 그들을 마치 도구처럼 만들어 버리는 것, 즉 정신적으로 그들을 프롤레타리아트로 만드는 것, 이를 통해 '규율'을 세우는 것으로 나타난다. 그러므로 신념 투쟁가의 추종자들은 일단 지배층이 되고 나면 아주 쉽게 하나의 평범한 봉급자층으로 전락하게 되는 것이다.

어떤 종류의 것이든 정치를 하겠다고 하는 사람, 특히 정치를 직업으로 삼겠다는 사람이면 누구나 정치가 가진 윤리적 역설을 자각하고 있어야 한다. 이 역설들의 중압에 압도되어 스스로를 지키지 못한다면 그것은 자신의 책임이라는 사실을 자각해야 한다. 다시 한번 말하지만, 정치가는 모든 폭력/강권력에 잠복해 있는 악마적 힘들과 관계를 맺게 된다.

무우주론적 박애와 자비의 위대한 대가들 — 이들이 [예수처럼] 나사렛에서 왔든, [성 프란체스코처럼] 아시시에서 왔든 또는 [석가처럼] 인도의 왕궁에서 왔든 상관없이 — 이 폭력이라는 정치적 수단을 가지고 일한 적은 없다. 그들의 왕국은 '현세의 것이 아니었지만', 그러나 그들은 현세에서 활동했고 지금도 그렇게 하고 있다. [톨스토이의 『전쟁과 평화』에 나오는 주인공으로 진실되고 순수한 것의 화신을 뜻하는] 플라톤 카라타예프 Platon Karatajev 같은 인물이나, [『백치』의 주인공 미시킨Myshkin, 『카라마조프가의 형제들』의 알료샤Alyosha, 조시마Zossima 장로 등] 도스토옙스키가 그린 인물들은 그런 성자들을 가장 가깝게 형상화해 낸 것들이다.

이처럼 자신의 영혼 또는 타인의 영혼을 구제하고자 하는 자는, 이를 정치라는 방법으로 달성하고자 해서는 안 된다. 정치는 그것과는 전혀 다른 과업을 갖고 있는데, 이는 폭력/강권력이라는 수단을 통해서만 완수될 수 있기 때문이다. 정치의 수호신(혹은 데몬)은 사랑의 신[무우주론]뿐만이 아니라 교회를 통해 구현된 기독교의 신[우주론]과도 내적으로 긴장 관계에 있는데, 이들 사이의 긴장은 언제든 해결할 수 없는 갈등으로 표출될 수 있다. [중세 가톨릭]교회가 지배했던 시대에도 사람들은 이 사실을 알고 있었다.

예컨대 [가톨릭교회법에 의거한 처벌 조치 가운데 하나로, 파문하지는 않으나 예배와 미사 등의 성무를 금하는 조치를 가리키는] 성무 금지령이 여러 차례 피렌체시에 내려졌다. 이 금지령은 그 당시 사람들과 그들의 영혼을 구원하는 문제와 관련해 다른 무엇보다도 더 무서운 힘을 지니고 있었다. 그것은 칸트의 윤리적 판단을 받아들이는 것 — 피히테는 이를 '차가운 동의'kalte Billigung로 표현했는데 — 보다 훨씬 더 무서운 힘을 가졌다. 그럼에도 [가톨릭 신자인] 피렌체 시민들은 교황청에 저항해 싸웠다.

이 상황을 염두에 두고 마키아벨리는 — 내 기억이 틀리지 않는다면 — 그가 쓴 『피렌체의 역사』의 한 아름다운 구절에서 그의 주인공 가운데 한 사람의 입을 빌려, 자신의 영혼을 구원하는 일보다 자신이 태어난 도시국가의 위대함이 더 소중하다고 생각하는 사람들을 칭송하고 있다.

'고국'이나 '조국'이라는 말 대신에 (사실 오늘날에는 이미 누구에게도 그리 분명한 의미를 갖지 않는) '사회주의의 미래' 또는 '국제 평화의 미래'라는 말로 바꾸어, 그것의 소중함을 실현한다고 해보자. 그러면 여러분은 앞에서 논의한 문제가 오늘날 우리에게 어떤 양상으로 나타나고 있는지를 보게 될 것이다. 누군가 정치적 행위를 통해 그런 이상적 목적을 추구하고자 분투한다고 하자. 그는 책임 윤리에 따라서 행동하게 되고 결국 폭력/강권력이라는 수단을 사용하게 된다. 그리고 그것은 '영혼의 구원'을 위험에 처하게 만든다.

영혼의 구원이 순전히 신념 윤리에서 나온 신앙 투쟁의 형태로 추구된다 하더라도, 그 경우에는 결과에 대한 책임성이 결여되어 있기에 [영혼의 구원이라는] 그 고귀한 목적은 손상되거나 아니면 불신의 대상이 될 수도 있다. [순수한 신념 윤리에 따라 행동하는] 그런 상황에서는 악마적 힘들의 움직임이 의식되지 않은 채 행위가 이루어지게 된다. 그 악마적 힘은 무자비하다. 이를 인식하지 못하고 있다면, 그 무자비함은 그들의 행위뿐만 아니라 그들의 내면 전체에까지 미칠 것이고 결국 그들은 [그 무자비함의] 무기력한 희생자로 떨어지고 말 것이다.

[괴테가 『파우스트』에서 말하고 있듯이] '악마, 그는 늙었다.' 이 말이 뜻하는 바는 연령, 즉 인생의 나이가 아니며 따라서 '악마를 이해하려면 나이를 먹어야 한다.'는 의미가 아니다. 토론할 때 출생증명서의 날짜를 이유로 남의 의견을 압도하려는 것을 나는 한 번도 참아 본 적이 없다. 누군가가 스무 살이고 나는 쉰 살이 넘었다고 해서, 단지 그 사실만으로 뭔가 성취했다고 할 수 없으며 그보다 앞서서 뭔가를 배웠다고 할 수도 없다. 나이가 중요한 것이 아니다. 중요한 것은 삶의 현실을 있는 그대로 들여다볼 수 있는 단련된 실력, 그런 삶의 현실을 견뎌 낼 수 있는 단련된 실력, 그것을 내적으로 감당해 낼 수 있는 단련된 실력이다.

분명 정치는 머리로 하는 것이지만, 결코 머리로만 하는 것은 아니다. 이 점에서는 신념 윤리가가 전적으로 옳다. 그러나 신념 윤리를 따르는 것이 옳은지 아니면 책임 윤리를 따르는 것이 옳은지 여부, 그리고 언제는 신념 윤리를 따라 행동해야 하고 또 언제는 책임 윤리에 따라 행동해야 하는지에 대해서는 어느 누구도 분명히 가려서 지시할 수 없다.

그렇지만 분명히 말할 수 있는 한 가지가 있다. 지금 우리는 흥분의 시대에 살고 있다. 여러분은 그게 '불모'sterilen의 흥분이 아니라고 믿고 있겠지만, 그러나 아무튼 흥분이 항상 진정한 열정인 것은 아니다. 그때 갑자기 곳곳에서 신념 윤리가들이 튀어나와서는 이렇게 외치고 다닌다고 해보자. '세상이 무지와 악에 가득 차있다. 내가 그런 게 아니다. 결과에 대한 책임은 내가 아니라, 무지와 악에 빠진 사람들에 있다. 나는 그들의 무지와 악함을 뿌리 뽑고자 한다.'라고 말이다. 나는 그들에게 이렇게 말할 수밖에 없다.

우선 그들의 신념 윤리를 지탱하고 있는 내적인 힘이 어느 정도인지를 묻고 싶다. 내가 받은 인상으로 말하자면, 이들 중 열에 아홉은 스스로 어떤 사람이 되고자 하는가에 대한 진정한 자각 없이 단지 낭만적 감흥에 도취해 있는 허풍선이에 불과하다. 이런 자세는 인간적으로 나의 관심을 끌지 못하며 또 추호도 감동을 주지 못한다.

그에 반해 결과에 대한 책임성을 진심으로 그리고 충심으로 느끼며 행동하던 한 성숙한 인간이 ― 나이가 많고 적고는 상관없다 ― 어떤 한 지점에 와서 [마르틴 루터가 1521년 보름스의회에 나와 황제 앞에서 자신의 생각을 설명한 뒤 최종적으로 말했듯이] "이것이 나의 신념이다. 나는 다른 내가 될 수 없다! [신의 가호를, 아멘!]"라고 말한다면 이것은 참으로 인간적이며 깊은 감동을 주는 것이 아닐 수 없다. 내적으로 깨어 있다면 언젠가 우리 자신도 이런 상황에 처할 수 있기 때문이다.

이렇게 볼 때 신념 윤리와 책임 윤리는 서로 절대적 대립 관계가 아니다. 그 둘은 서로에 대해 보완관계에 있으며 이 두 윤리가 결합될 때에야 비로소 '정치에 대한 소명'을 가질 수 있는 참다운 인간존재가 만들어질 것이다.

결론
비관적 인간 현실 속의 정치가

친애하는 청중 여러분, 10년 후에 이 문제에 대해 우리 다시 한번 이야기하자. 여러 정황으로 미루어 볼 때, 그때는 이미 반동의 시대에 접어들었을 거라는 두려운 생각을, 나는 갖지 않을 수 없다. 나 자신을 포함해 우리 가운데 많은 사람이 바라고 희망했던 것들 가운데 실현된 것은 거의 없을 것이다. 아마 '전혀 아무것도' 실현되지 못했다고 말할 수는 없을 테지만, 누가 봐도 거의 성취된 것이 없을 것이다. 그렇게 될 개연성은 매우 크고, 그렇다고 그것이 나를 좌절시키지는 않겠지만 그래도 이를 안다는 것은 심적으로도 힘든 일이다.

그때 어떤 상황이 나타나게 될까? 자신을 진정한 '신념 정치가'로 여기며 지금의 혁명에 열광하고 있는 사람들은 그때 과연 어떻게 변해 있을까? 내적인 의미에서 무엇이 '되어' 있을까? 그때 상황이 셰익스피어의 102번 소네트가 들어맞는 그런 상황이라면 참으로 좋을 것이다.

그때, 꽃피는 봄에 우리의 사랑은 푸르렀다.
그때 나는 그 사랑을 노래 불러 맞으려 했지.
꾀꼬리는 여름의 문턱에서 노래 부르다가
계절이 무르익음에 그 가락을 멈추더라.

그러나 사정은 그렇지 않을 것이다. 지금 표면적으로 어느 집단이 승리하든 상관없이 우리 앞에 놓여 있는 것은 여름의 만개가 아니라 얼음이 뒤덮이고 어둠과 고난이 가득 찬 극지의 밤이다. 아무것도 남아 있지 않게 되면 황제뿐만 아니라 프롤레타리아트도 권리를 상실하게 될 것이다.

이 밤이 서서히 물러갈 때, 이 봄날의 꽃이 자신들을 위해 화사하게 피었다고 생각하고 있는 사람들은 얼마나 살아남게 될까? 내적으로는 어떤 마음 상태가 되어 있을까? 비분강개해 있을까, 아니면 속물근성에 빠져 세상사와 자신의 직업을 그냥 그대로 무덤덤하게 받아들이고 있을까?

아니면 신비주의적인 현실도피의 삶에 빠져들어 있을지도 모른다. 그것이 결코 보기 드문 일은 아닐 것이다. 재능이라도 있는 사람들도 신비주의적인 현실도피에 빠질 것이고 그게 악영향을 주는 줄도 모르고 단지 유행이어서 따라간 사람들도 마찬가지일 것이다. 어떤 경우이든 나는 그런 자들은 자신의 행동을 감당할 능력이 없었고, 실제로 있는 그대로의 세상을 감당해 낼 능력도 없었으며, 일상적 존재로서도 능력이 없었던 사람들이라고 결론 내릴 것이다.

이들 자신은 정치에 대한 소명을 갖고 있다고 믿었겠지만, 그 말의 가장 깊은 내적 의미에서 볼 때 그들은 객관적으로 그리고 실체적으로 정치에 대한 소명을 갖지 못했다. 이런 사람들은 차라리 소박하고 순수하게 사람들 사이에서 우애나 도모하고 그저 자신의 일상적 임무에 열심히 몰두했더라면 더 좋았을 것이다.

정치란 열정과 균형적 현실 감각, 둘 다를 가지고 단단한 널빤지를 강하게 그리고 서서히 구멍 뚫는 작업이다. 만약

이 세상에서 불가능한 것을 이루고자 몇 번이고 되풀이해 노력하는 사람들이 없었다면, 아마 가능한 것마저도 성취하지 못했으리라는 말은 전적으로 옳다. 모든 역사적 경험에 의해 증명된 사실이기도 하다.

그러나 이 일을 할 수 있는 사람은 리더여야 한다. 말 그대로의 의미에서 영웅이어야 한다. 리더나 영웅은 아닐지 모르나, 어떤 일이 있더라도 단단한 의지는 간직해야 한다. 모든 희망이 무너져도 이겨 낼 수 있어야 한다. 그렇지 않으면 그는 오늘날 아직 남아 있는 가능한 것마저도 성취해 내지 못할 것이다.

자신이 제공하려는 것에 비해 세상이 너무나 어리석고 비열해 보일지라도 이에 좌절하지 않을 자신이 있는 사람, 그리고 그 어떤 상황에 대해서도 '그럼에도 불구하고!'dennoch! 라고 말할 확신을 가진 사람, 이런 사람만이 정치에 대한 '소명'을 가지고 있다.

해제
정치가는 누구인가

최장집

1. 왜 베버인가

정치에 관한 베버의 저작 『소명으로서의 정치』는 정치란 무엇이고 정치가란 어떤 존재인지를 이해하는 데 있어 고전 중의 고전이다. 이 말이 결코 빈말이 아님을 이제부터 강의의 형식으로 말해 보겠다.

평생토록 베버는 학자이면서 동시에 정치가가 될 수 있는가의 문제를 끊임없이 탐색했고, 또 고민했다. 정치적 사실 내지 진실을 객관적으로 규명하는 학자로서의 역할과, 정치에 뛰어들어 자신이 옳다고 믿는 가치와 대의를 실현하고자 하는 정치인의 역할은 근본적으로 다른 것이라고 생각했기 때문이다. 베버의 나이 55세에 쓴 『소명으로서의 정치』는 그 다음 해 베버의 때 이른 죽음으로 마지막 작품의 하나가 되었다. 뒤에서 살펴보겠지만 같은 시기 정치에 참여하고자 했던 그의 도전도 결실을 맺지 못했다. 그럼에도 불구하고 이 책은 고도의 지적·정신적 사고를 응축하면서, 그가 가졌던 정치관의 모든 것을 보여 주는 총결산이라고 할 수 있기 때문에 중요하다.

『소명으로서의 정치』는 그 내용뿐만 아니라 방법론적 측

해제. 정치가는 누구인가

125

면에서도 특별하다. 사회과학의 지배적인 방법론은 경험적 사실을 객관적인 언어로 추상화하고 양화 가능한 변수들을 통해 현상의 인과관계를 발견하려고 시도하는 것이다. 그러나 『소명으로서의 정치』는 정치를 하는 사람, 그것도 개인에 초점을 맞춘다. 인간 행위 일반에 관한 것이 아니라 한 유형의 인간, 즉 생업이 정치이고, 정치를 위해 사는 직업적 정치인 개인을 말한다는 것이다.

정치인 개인을 중심으로 정치 행위를 설명하는 이런 방법은, 실증주의적 분석 방법과는 대조적으로 인간의 사회적 행위에 대한 해석적 이해Verstehen, interpretive understanding에 초점을 맞추는 베버의 행위 이론과 밀접한 연관성을 갖는다. 이런 방법은 정치와 권력에 관한 인간의 내면적 신념이나 가치, 그리고 이를 둘러싼 갈등과 고민을 좀 더 실존적인 문제로 이해할 수 있도록 하는 데 커다란 이점을 갖는다.

그러나 행위의 동인이 되는 주관적인 의미나 이유를 이해하는 것에 초점을 맞춘다고 해서, 객관적 진실을 밝히는 경험적 방법을 배격하는 것으로 봐서는 안 된다. 또한 베버가 개인의 사회적 행위에 초점을 둔다 하더라도 그 행위를 제약하는 여러 구조적인 요소들을 설명에서 배제하는 것이 아니라는 점도 강조되어야 할 것 같다. 베버의 저작에서 행위와 구조는 언제나 병립된다.

우리가 보통 고전이라고 말하는 저작이 갖는 중요한 특징의 하나는 그 내용이 풍부하다는 것이며, 그만큼 다양한 해석을 가능하게 한다는 데 있다. 다른 고전들의 분량에 비해 이 책 『소명으로서의 정치』는 비교적 짧은 텍스트이지만, 그 내용은 더없이 다층적이고 복합적이다. 그러나 해석의 다양함을 허용하는 고전은 읽는 사람을 미로에 빠트리고, 잘못된 방향으로 유도할 가능성 또한 크다. 이 점에서 베버의 작품으로 들어가는 열쇠를 찾는 것이 중요하다. 그 열쇠는 무엇일까?

그것은 (베버 자신이 말했을 뿐만 아니라 베버를 연구한 여러 학자들, 특히 20세기 중후반의 프랑스를 대표하는 사회 이론가인 레이몽 아롱[1]과, 독일의 대표적인 베버 해석자이며 역사학자인 볼프강 몸젠[2]을 통해 정교하게 발전된 바 있는 것으로) 베버의 사회 이론과 정치 이론에 깊숙이 자리 잡고 있는 이분법적 구조라고 할 수 있을 것이다. '신념 윤리'Gesinnungsethik, ethic of inner conviction 대 '책임 윤리'Verantwortungsethik, ethic of responsibility, '카리스마적 지도자' 대 국가 및 정당의 관료화, 의회 민주주의 대 지도자

---

1) Raymond Aron, "Max Weber and Modern Social Science", in F. Draus ed., *History, Truth, Liberty: Selected Writings of Raymond Aron*, University of Chicago Press, 1985, pp. 335~374, Raymond Aron, *Main Currents in Sociological Thought*, Vol. II. "Max Weber", Transaction Publishers, 1999 (초판은 Basic Books, 1967), pp. 220~317.

2) Wolfgang J. Mommsen, "The antinomical structure of Max Weber's political thought", in *The Political and Social Theory of Max Weber*, University of Chicago Press, 1989, pp. 24~43. 몸젠은 19세기 후반에서 20세기 초반 독일의 쾰른 대학, 뒤셀도르프 대학에서 영국사 및 독일사 교수를 역임했고, 런던 소재 독일역사학회 회장을 지내면서 외교사·사회사·지성사·경제사 분야에서 광범한 연구 업적을 남겼다. 1959년 베버의 전기를 통해 학계에 등장했고, 2004년 사망할 때까지 베버 연구자로서 명성을 남겼다.

민주주의, 정치인 대 관료, 카리스마적 개인 대 조직의 '일상화' 등이 대표적이다.

이 개념의 쌍들은 모두 '이율배반'antinomy적 구조를 갖는다.[3] 이 사실은 매우 중요하다. 한마디로 말해 두 명제 사이에 어떤 것을 양자택일적으로 선택하는 정태적 차원의 문제로 베버의 중심 사상을 이해하려 한다면 잘못이라는 것이다. 그의 사상의 핵심은 이들 대쌍적 개념이 현실의 복잡한 구조 속에서, 나아가 인간 행위와 사회 변화의 과정 속에서, 어떻게 끊임없이 상호 작용하는가를 분석하려 했다는 데 있다. 일례로 정치인이 가져야 할 덕목으로서 신념 윤리와 책임 윤리 가운데 어느 것이 더 옳고 우월한가로 접근하는 것은, 최소한 베버의 생각과는 다른 것이다.

한편 베버의 『소명으로서의 정치』를, 오늘의 한국 정치 현실에서 읽는다는 이른바 '맥락의 문제'에 대해서도 생각할 점이 있다. 오늘의 한국 상황에서 정치와 관련해 중요한 것은 정치를 부정적으로 이해하는 경향이 강하고, 이런 경향이 사회에 널리 확산돼 있다는 점이다. 반정치적 태도는 다른

---

3) '이율배반'은 칸트의 순수 이성 비판에서 사용되는 중심적인 개념이다. 이를 통해 칸트는 두 개의 대립적인 모순적 명제를 통해 현상에 대해 진술하는 것이 가능하다는 것을 보여 주었다. 하지만 이율배반의 의미와 관련한 철학적 논의가 여기에서 꼭 필요한 것은 아니다. 하나의 현상에는 양립하기 어려운 상호 모순적 명제가 포함되어 있다는 보통의 의미 정도로만 이해해도 충분하다. 앞에서 언급한 대립적인 개념들에 대해서는 뒤에서 자세히 살펴보겠다.

여러 나라에서도 볼 수 있는 일반적인 현상이기 때문에 한국만의 특징이라고 볼 수는 없다. 그러나 이 문제는 오늘의 한국 민주주의를 발전시키는 데 특별한 중요성을 갖는다.

일반적으로 민주화 이전의 정치는 모두 부정적인 의미를 갖는 지배와 억압, 폭력과 부패, 기만과 술수 등으로 동일시되었다. 따라서 민주화 투쟁은 정치적인 의도를 갖지 않는 순수한 열정이자 일체의 권력적 요소를 부정하는 것으로 이해되었고, 그렇게 해서 도래할 민주주의는 한국 정치에 도덕적 질서를 바로 세우는 것이어야 했다. 그러나 권력을 권위주의와 동일시하고 정치를 탐욕과 타락을 상징하는 인간 행위로 이해하는, 우리 사회의 지배적 경향은 민주주의를 하나의 통치 체제로서 받아들이고 이를 잘 운영하는 문제의 중요성을 경시하게 만들었다.

물론 권력과 정치에 대한 이해를 혼란스럽게 하는 것은, 그것이 갖는 이율배반적 성격 자체에서 비롯되는 것이기도 하다. 즉, 한편으로 권력은 남용되고 타락하는 경향을 띠며, 이때 그것은 투쟁과 저항의 대상이 된다. 그러나 다른 한편으로 권력은 정치를 발생시키고 움직이는 동력이기 때문에 그것 없이는 공적 결정을 이끌어 내고 집행할 수가 없다. 전자가 권력에 대한 투쟁이라면, 후자는 권력을 유용하게 사용하는 것이다. 달리 말해 권력은 개인 또는 사회집단들이 그들의 의사 또는 가치를 실현하기 위해 선용할 수 있는 에너지의 측면도 갖고 있다는 것이다.

정치는 보통 '가능의 예술'이라고 정의된다.[4] 이 말은 정치의 긍정적·부정적 측면을 모두 포괄한다. 가능의 예술이라는 말에는 암묵적으로 제약적 조건이 전제되어 있다. 그런 제약 조건에서 뭔가를 이루는 것, 또는 어떤 기술적 능력을 발휘하는 것을 뜻하기 때문이다. 즉, 정치는 어떤 행위자가 일을 성취하려 할 때 그것을 제약하는 구조의 힘과, 그 가운데서 가능의 공간을 발견하는 행위자의 능동적 실천의 힘을 동시에 포괄하는 말이다. 오늘의 한국 현실에서 반정치주의가 강하다는 것은, 정치를 구성하는 상호 모순적이고 이중적인 요소 가운데, 정치의 긍정적·적극적 측면이 아니라 부정적·비판적 측면만을 주목하는 이해의 방법이 지배적임을 의미한다.

흔히 베버를 도덕에 우선해 정치의 본질인 권력과 폭력을 있는 그대로 이해하는 정치적 현실주의자, 신념 윤리에 우선해서 책임 윤리를 강조한 사람, 정당의 관료화에 대항해서 카리스마적 리더십을 말한 사람으로 이해한다. 베버가 진정 그것만을 말하려 했다면 그를 이해하는 것은 비교적 단순할 수 있다. 그러나 훨씬 더 중요한 것은, 이 대립하는 명제들이 고리처럼 연결되어 있고 이들 사이의 이율배반적이고 유동적인 관계가 정치에 내장된 본질적 성격이자 그 어떤 이상적인 정치인도 이를 회피할 수 없다는 사실이다. 따라서 우리는 이 갈등하는 명제들 사이에서 변증법적 결론에 도달하고자

---

4) 복잡한 정치 이론을 끌어올 필요도 없이 메리엄-웹스터 영어 사전에서 politics를 찾으면, 그 첫 번째 의미가 "the art of government", 즉 통치의 기예(기술 또는 예술)이다.

노력해야 하고, 이를 통해 정치의 본질을 더 깊이 이해할 수 있는 길을 찾아야 할 것이다.

많은 학자들이 베버 이론의 비밀은 무척이나 복합적이고 포착하기 어려운 그 풍부함에 있다고 말한다. 베버의 텍스트들은 우리에게 끊임없이 긴장을 주고, 양극적인 해석을 가능하게 하며, 종종 그 의미가 모호해 보이지만 그로부터 무한한 지적 자원을 발견하게 되는 마술과 같은 힘을 갖는다.[5]

우리가 대면하고 있고, 해결하고자 하는 문제들에 대한 직접적인 해답을 베버의 글에서 기대한다면, 아마 실망할지도 모른다. 그보다는 끊임없이 유동하는 정치적 문제들에 대해 스스로 생각하고 판단하는 능력을 함양하는 데 도움을 구하겠다고 접근하면 좋을 것이다. 그동안 당연한 것으로 이해했던 정치와 민주주의를 새롭게 보고, 여지없이 옳다고 생각했던 신념이 과도한 것은 아닌지를 살펴보면서, 당면한 문제를 얼마든지 다르게 생각할 수 있구나 하는, 일종의 성찰적 사고를 배우고자 한다면 그 출발점으로서 베버는 제격이라고 본다.

---

5) 이에 대해서는 복잡한 베버를 간결하고 위트 있게 해명하고 있는 다음을 참조할 것. Donald G. Macrae, *Max Weber*, The Viking Press, 1974, pp. 96~99, Ralf Dahrendorf, "Max Weber and Modern Social Science", in Wolfgang J. Mommsen and Jürgen Osterhammel eds., *Max Weber and His Contemporaries*, Unwin Hyman Ltd., 1987, pp. 574~580.

2. 생애와 배경

일반적으로 베버는 현대 사회학의 창시자 가운데 한 사람으로 알려져 있다. 그러나 그의 학문적 영역은 사회학에만 한정된 것이 아니라 역사학·법학·경제학·정치학을 포함하는 사회과학 전반에 걸쳐 있다. 한마디로 그는 누구도 넘기 어려운 커다란 업적을 남긴 대학자이다.

그의 문하생이자 학문적 동료이며, 20세기의 대표적인 실존철학자의 한 사람인 칼 야스퍼스는 베버를 가리켜 "대철학자"라고 말하면서, 그를 "정신적으로 우리 시대의 가장 위대한 사람"이라고 칭송했다.[6] 정치철학자 셸던 월린은 "조직의 세계와 창의적 개인 간의, 고뇌에 찬 긴장을 베버만큼 명료하게 드러낸 사람은 없다."라고 하면서 그를 "가장 위대한 사회학자"라고 말했다.[7] 철학자 칼 뢰비트는, 베버의 '합리화' 개념을 마르크스의 '소외' 개념과 대비하면서 근대성의 본질과 인간 조건에 대해 가장 깊이 있게 해명한 사회철학자로 평가했다.[8] 이처럼 베버는 (19세기 중반 이후부터 나치의 등

---

6) Karl Jaspers, *On Max Weber*, ed. by John Dreijmanis, Paragon House, 1989, p. xvi.

7) Sheldon S. Wolin, *Politics and Vision*, expanded ed., Princeton University Press, 2004, p. 379 (『정치와 비전』 1·2·3, 강정인 외 옮김, 후마니타스, 2007·2009·2013).

8) Karl Löwith, *Max Weber and Karl Marx*, George Allen & Unwin, 1982 (독일어판은 1960, 『베버와 마르크스』, 이상률 옮김, 문예출판사, 1992).

장으로 독일의 학문적 발전과 전통이 갑자기 단절될 때까지) 문화·예술·철학·과학뿐만 아니라 역사와 사회과학이 최고로 흥성했던 시기의 기라성 같은 대학자들 사이에서도 특별한 지위를 갖는 사람으로 평가받고 있다.

베버는 1864년 튀링겐의 에르푸르트에서 태어났다. 아버지는 섬유산업 대기업가 가문의 잘 알려진 변호사이자 정치인이었다. 어머니는 17세기 중반 이래 교육자와 학자 등 지식인을 많이 낸 집안이자, 프랑스 위그노 혈통을 갖는 칼뱅주의 집안 출신의 매우 지적인 여성이었다. 열렬한 황제 지지자였고, 또한 비스마르크 지지자였던 베버 아버지는 비스마르크 정파인 '국민자유당'의 주요 성원으로 처음에는 프로이센 의회Landtag의 의원이었고, 통일 이후에는 독일제국 연방 하원Reichstag의 의원을 역임한 매우 영향력 있는 정치인이었다. 독일의 중요 정치인들이 베버의 집에 항시 내방했던 까닭에 베버는 실제 정치에 대해 소상한 지식을 가질 수 있었다. 베버가 정치와 정치 참여에 대해 평생 깊은 관심을 갖게 된 것은 이런 집안 환경에 영향을 받은 바 컸다.

베버는 김나지움 시절 이미 스피노자·칸트·쇼펜하우어 등의 철학서들을 탐독함과 아울러, 호메로스·헤로도토스·베르길리우스·키케로·리비우스 등 그리스·로마의 고전을 집중적으로 공부했으며, 인도-게르만 민족사에 관한 논문을 쓰기도 했다. 18세 때 하이델베르크 대학에 진학해 법학을 공부했고, 학교를 옮겨 베를린 대학에서 공부를 계속해 1889년 '중세 이탈리아 도시의 무역 회사에 관한 역사'를 주제로 박사 학위논문을 쓰고 우등으로 졸업했다. 이때 역사학의 원로

이자 대가인 테오도어 몸젠(앞서 언급한 볼프강 몸젠의 할아버지)은 베버의 논문에 대해 논평하면서 "언젠가 내가 무덤으로 가지 않으면 안 될 때, '아들아, 여기 내 창이 있다. 내 팔로 들기에는 너무 무겁구나.'라고 누구에겐가 말할 수 있는 사람은 앞으로 높이 존경받을 막스 베버 이외에는 아무도 없을 것이다."[9]라는 유명한 말을 남겼다.

졸업 후 베버는 여러 학회에 참여했는데, 그 가운데서도 경제학·법학·역사를 포함하는 사회과학 분야에서 사회 개혁에 관심을 갖는 학자, 연구자, 지식인, 행정 관료의 가장 중요한 연구 공동체였던 '사회정책협회'Verein für Sozialpolitik에서 활발히 활동했다. 1891년 '로마 농업사와 공법, 시민법'을 주제로 교수 자격 논문Habilitation-schrift을 썼으며, 이어서 「엘베강 동부 농업 노동자들의 조건」이라는 긴 논문을 썼다. 1894년에는 프라이부르크 대학 정치경제 교수로 임용돼 '국민국가와 경제정책'이라는 유명한 취임 강연을 했다. 프라이부르크 대학의 교수가 되기 전, 평생의 반려자였던 오촌 조카 마리안네 슈니트거Marianne Schnitger와의 결혼을 특기할 만하다. 후일 베버 사후 마리안네가 쓴 베버 전기는 베버를 이해하기 위한 필독서가 되었다. 이후 크니스의 후임으로 하이델베르크 대학 교수로 자리를 옮겨, 딜타이·엘리네크·트뢸치·리케르트·빈델반트·루카치·지멜·미헬스·야스퍼스 등 당대에 유

9) Dirk Käsler, *Max Weber: An Introduction to his Life and Work*, University of Chicago Press, 1988, p. 6.

명했거나 미래에 유명해질 학자 및 지식인과 널리 교류했다.

베버는 사회운동에도 관심이 많았다. 그는 이미 1890년 산업화된 사회에서의 도시문제에 주목했고, 기독교사회주의를 추구했던 프로테스탄트 사회운동 기구인 '복음사회연합' Evangelisch-Soziale Verein에 참여했다. 이 운동을 통해 평생의 정치적·인간적 친구가 된 프리드리히 나우만과 친교를 맺으면서 정치 참여의 기회를 탐색했다.

1896년은 그의 개인사에서 하나의 중요한 전환점이었다. 권위주의적이고 가부장적인 아버지와 크게 다퉜는데 얼마 안 있어 아버지가 사망하면서 베버는 깊은 자책감에 빠졌다. 그 영향으로 거의 6년 동안(1897~1903년)이나 심한 신경쇠약증을 앓아 대학을 사직해야 할 정도였다. 베버의 극심한 신경쇠약증은, 권위주의적이고 가부장적이며 정치적으로 보수적이었던 아버지와, 칼뱅주의적 금욕주의와 자유주의 이념을 신봉했고 사회적 이슈에 대해 매우 진보적이었던 어머니 사이에서 겪었던 정신적 갈등, 일에 대한 그의 극단적인 중독증, 어머니로부터 물려받은 금욕주의적 생활 태도와 관련이 깊었다.

베버는 1904년 세인트루이스 박람회에서 강연하기 위해 미국을 방문했는데, 이는 건강 악화에 따른 학문 활동의 공백기에서 그가 벗어났음을 보인 사건이다. 물론 학문 활동이 극도로 위축되었던 시기에도 그는 예술사·철학·사회학을 공부했고, 방법론 연구를 시작했으며, 『사회과학과 사회정책 연구지』Archiv für Sozialwissenschaften und Sozialpolitik의 편집 책임자 가운데 한 명으로 활동했다. 1905년 이 연구지에 『프로테스탄트의 윤리와 자본주의 정신』을 게재했는데, 그것은 그가 건강을 회복한 이후 최초로 펴낸 유명한 논문이다.

같은 시기 러시아혁명이 발발했는데, 그는 6개월 만에 러시아어를 배워 사태를 추적하기 시작했다. 그러면서 그는 러시아의 차르와 독일제국 카이저의 사적 통치 체제를 비교하는 방법을 통해 자신만의 비판적 시각을 발전시켰다. 뒷날 제1차 세계대전 동안 발생한 러시아의 볼셰비키 혁명, 그리고 패전과 더불어 독일에서 일어난 혁명적 봉기에 대해 베버는 이때 이미 그 위험성을 예견하고 있었다.

이 시기 베버는 사회정책협회의 보수적인 리더십과 대립하면서, 학회의 좌파 리더가 되기도 했다.[10] 그는 여기에서 무능한 권위주의 통치에 몰입하고 있는 카이저(빌헬름 2세)에 대해, 또한 프티부르주아적 성격을 드러내고 정치적 결속에 실패하고 있는 사회민주당에 대해 통렬하게 비판했다. 동시에 베버는 좌우 양쪽으로부터 다원주의적 정치관과 기회주의적 상대주의라는 비판을 받았다.

이 시기 그는 뒷날 『소명으로서의 정치』의 중요한 테마의 하나인 '대중 투표제적 지도자 민주주의'plebiszitäre Führerdemokratie, plebiscitary leadership democracy를 주장하기도 했다.[11] 이는

---

10) 사회정책협회 회원들은, 20세기로 접어든 시점에서 이론적·이념적 스펙트럼에 따라 세 그룹으로 분화되었다. 좌파는 이른바 아카데믹 사회주의로 불렸던 그룹으로, 베버를 포함해 나우만·좀바르트·브렌타노 등이 속했다. 그리고 슈몰러, 그나이스트와 같은 중간파가 있고, 바그너 등이 속한 우파가 있었다. Käsler, *Max Weber*, pp. 187~188.

카이저의 무능과 제1차 세계대전에서의 패전으로 독일의 비극이 가시화되기 시작했던 시기에, 혼돈의 독일 사회를 이끌 대안적 리더십을 목말라했던 상황에서 나온 이론이라 할 수 있다. 베버 사후에 나치 체제 등장에 일정한 관련이 있다는 논쟁[12]을 불러일으키기도 했던 이 이론에 대해서는 5절에서 자세히 살펴보기로 하고, 베버의 생애 이야기를 계속해 보자.

1911년에 들어와 베버는 유교·힌두교·유대교·이슬람교를 포함하는 종교사회학을 광범하게 연구했고, 그와 동시에 그의 기념비적인 대작 『경제와 사회』를 집필하기 시작했다. 또한 1909~14년, 베버는 사회정책협회가 중심이 된 이른바 '가치판단 논쟁'으로 알려진 긴 방법론 논쟁에 참여했다. 이 논쟁에서 베버의 핵심 논지는, 과학적 주장을 통해 정치적

---

11) 대중 투표를 통한 세자리즘적 지도자 민주주의에 대한 주장은, 1917년 4~6월 사이에 『프랑크푸르트 차이퉁』에 게재된 일련의 논설을 묶은 글에 잘 나타나 있다. Max Weber, "Parliament and Government in Germany under a New Political Order", in Peter Lassman and Ronald Speirs ed., *Weber: Political Writings*, Cambridge University Press, 1994, pp. 218~228.

12) 1964년 베버 탄생 100주년을 기념하고자 하이델베르크에서 개최된 학회에서 열띤 논쟁이 있었다. Otto Stammer ed., *Max Weber and Sociology Today*, Harper & Row, 1971(독일어판은 1965), Part II에 실린 Raymond Aron, "Max Weber and Power Politics"와 이 발표에 대한 토론을 참조할 것. 또한 Sven Eliaeson, "Constitutional Caesarism: Weber's politics in their German context", in Stephen Turner ed., *The Cambridge Companion to Weber*, Cambridge University Press, 2000, pp. 142~148도 참조할 것.

관점을 정당화하는 것은 가능하지 않다는 것이다. 1913년을 전후한 이 시기는 베버의 학문적 업적의 정점으로 기록될 수 있다.

1914년 제1차 세계대전이 발발하자 베버는 군에 자원입대해 예비군 장교로 하이델베르크의 아홉 개 군 병원을 관리하는 중책을 맡았다. 베버의 생애에서 인상적인 것 중 하나는, 그가 평생토록 군 복무에 대해 성실하고 철저하게 임했다는 사실이다. 그는 젊었을 때 슈트라스부르크에서 두 번, 포센에서 한 번 등 모두 세 번에 걸쳐 정규 군사 훈련을 받고 군에 복무했다. 그가 진정으로 애국자라는 것을 실천으로 보여 주는 대목이다. 어쨌든 전쟁 중에 병원을 관리해 본 경험은 그가 관료주의에 관한 생각을 발전시키는 중요한 계기가 됐다. 1915년 말 군 복무를 마치고, 베버는 다시 종교사회학 연구에 전념했다. 이 시기 독일의 전쟁 정책에 관한 그의 관점은 근본적으로 변해 온건 정책을 지지했고, 『프랑크푸르트 차이퉁』을 통해 정부의 강경 정책을 신랄하게 비판했다.

베버의 생애에서 말년에 해당하는 1917년부터 1920년의 시기만큼 독일 현대사에서 혼란과 위기의 시기는 없었다. 패전에 따른 독일제국의 붕괴, 그리고 새로운 공화국의 건설로 이어진, 그야말로 숨 가쁜 전환기였다. 패전의 조건을 결정하는 베르사유 회의, 헌법 개정을 위한 의회 선거, 개정 헌법의 내용을 둘러싼 논란 등 독일의 운명을 결정할 일련의 사건들이 모두 이 시기에 일어났다. 그뿐만 아니라 독일은 내전의 벼랑에 서있었다. 1918년 11월 킬 군항에서의 병사 봉기를 시작으로 급진 생디칼리스트와 공산주의자들이 주도한 혁명적 봉기가 주요 도시에서 발생했고, 노동자-병사 평의회가 곳곳에 수립되었다. 러시아에 이어 사회주의혁명이 독일에서 도래하는 것과 같은 정치적 혼란이 극도에 달했다.

1918년 베버는 빈 대학 정치경제 교수직을 수용한 뒤, 그해 가을 뮌헨에 거주하면서 사태를 추적하고 있었다. 또한 프로이센으로부터의 분리를 주장하는 분리주의와 급진 평화주의 운동이 일어났을 때, 그는 이들 운동을 격렬하게 비판했다. 『소명으로서의 정치』 가운데 신념 윤리와 책임 윤리를 논하는 부분에서 베버가 평화주의 운동을 신념 윤리의 전형으로 비판하는 것도 이런 상황에서 나왔다고 할 수 있다. 베버는 프로이센으로부터 분리하겠다는 운동은 범죄적인 웃음거리이고, 어떤 대가를 치르더라도 평화가 우선한다는 주장은 무책임의 극치라고 비판했다.

동시에 좌파 정치에 대해서도 비판했는데, "혁명을 가지고 정치 게임을 하는 것은 프롤레타리아를 희생해서(혁명가들이 결코 프롤레타리아의 요구와 이익을 대변하지 않는다는 의미에서) 대화의 필요를 없애 버리는 것을 의미한다. 혁명의 결과는 무엇일까? 문턱에는 적이 있고, 그다음에는 우리가 전혀 경험하지 못했던 반동이 뒤따를 것이다. 그리고 프롤레타리아는 그 대가를 치르지 않으면 안 될 것이다."라고 말했다.[13] 그러면서 조직적인 행정 능력을 결여한 혁명 조직들이 정부를 제대로 운영하지 못해 초래할 가공할 결과에 대해 되풀이

13) Käsler, *Max Weber*, p. 21.

해서 비판했다.

『소명으로서의 정치』(1919년 1월 말)는 그의 또 다른 유명한 강연 『소명으로서의 학문』(1917년 11월)과 더불어 1917/1919년 사이에 행해진 일련의 강연 가운데 하나다. 당시 그 강연은 뮌헨의 한 진보적 학생 단체인 '자유학생연맹'의 초청으로 이루어진 것이었다. 베버를 이해하는 데 혼란을 피하기 위해 이쯤에서 그의 정치관에 대해 간단히 언급해 둘 필요가 있겠다.

먼저 그는 신념에 있어 민주주의자였다. 그러나 그는 새로운 공화국의 정부 형태와 관련해 군주제가 유지되기를 바랐고 국제정치적[14]으로 독일의 리더십을 강조했다는 점에서, 당시 현실 정치에서는 보수파였으며 민족주의자였다. 그의 정치관은 상당히 모순적이고 비관주의적이어서, 볼프강 몸젠은 그에 대해 "절망에 빠진 한 자유주의자"라고 논평하기까지 했다.[15] 그는 새로운 공화국에 대해 이렇다 할 기대가 없다고 고백한 적도 있다. 그것은 민주주의에 찬성하지 않기 때문이 아니라, 새로 수립될 유약한 민주주의 체제를 가지고 국내외적 위기를 과연 헤쳐 나갈 수 있을까 하는 우려 때문이었다.

당시 대표적인 독일 역사학자의 한 사람인 프리드리히 마

---

14) 당시 독일에서의 용어로는 '세계 정치'Weltpolitik, 또는 '권력정치'Machtpolitik이다.

15) Wolfgang J. Mommsen, *The Age of Bureaucracy*, Blackwell Publishers, 1974, ch. 5.

이네케는 자신은 "가슴으로는 군주정 지지자이지만, 머리로는 공화주의자"라고 말했다. 이 말은 이 시기 독일이 직면하고 있었던 딜레마를 잘 집약하는 것이 아닐 수 없다. 마찬가지로 베버 역시 자신의 신념과 현실에서의 선택을 일치시키기에는 당시의 상황이 그리 단순하지 않다고 생각했던 것으로 보인다. 과거의 독일제국으로 되돌아갈 수도 없고, 새로이 수립될 것으로 예상되는 민주주의 공화국에 대해 희망을 걸 수도 없는 상황에 대해 베버는 다음과 같은 유명한 말을 남겼다.

> 귀족(융커)은 이미 국가를 통치할 능력이 없고, 부르주아지는 귀족의 방해로 통치 능력을 발전시킬 기회를 갖지 못했으며, 농민과 도시 프롤레타리아트는 (그러므로 모든 국민은) 이런 정치 구조의 결함 때문에 고통받고 있다.[16]

그러나 이런 상황에서도 베버는, 스스로 자신을 부르주아 학자라고 말해 왔듯이, 부르주아지가 중심 세력이 되지 않으면 안 된다고 생각했다. 다만 부르주아지가 사회민주당과 성실한 협력 관계를 유지할 것을 주장했다.

바이마르공화국이 새로운 시대의 시작이냐, 구독일제국 해체의 마지막 단계이냐를 둘러싸고 전후 독일 역사학자들

---

16) Chris Thornhill, *Political Theory in Modern Germany*, Polity Press, 2000, p. 27에서 재인용.

사이에서 열띤 논쟁이 있었던 것도 이상과 같은 정황을 배경으로 한다. 이들 논쟁이 어떤 방향으로 귀결되었든, 역사의 진행은 그 두 흐름이 뒤엉켜 있었다고 할 만하다.

어쨌든 제1차 세계대전의 막바지부터 그의 생애 마지막 시기에 이르기까지, 베버는 한편으로는 학문 영역에 몸담고 있으면서도, 다른 한편으로는 정치 참여의 끈을 놓지 않았다. 그는 『프랑크푸르트 차이퉁』에 정치 평론을 기고하는 정치 저널리스트로서 활동했고, 카이저의 사적 통치에 대한 강력한 비판자로서 발언하고 행동했으며, 헌법 개정 과정에서 중심 역할을 하려 했으나 실패했고, 베르사유조약 대표단의 일원으로 파리평화회의에 참석했고, 최초의 바이마르공화국 정부인 에베르트 정부에서 내무장관에 기용될 뻔도 했다.

그러나 정치 참여에 관한 한, 그가 독일민주당Deutsche De-mokratische Partei, DDP의 창당 과정에 참여한 것만큼 분명한 선택을 보여 준 것은 없을 것이다.[17] 1919년 1월에는 바이마르공화국 최초의 총선에서 독일민주당 후보로 헤센-나사우 지

---

17) 1918년 11월 민주적 의식을 갖는 부르주아지를 대표할 독일민주당의 조직적 기초를 건설하기 위해 베버는 알프레드 베버Alfred Weber(그의 동생), 프리드리히 나우만 등과 활동했다. 그러나 그는 독일민주당 창당 발기인에는 참여하지 않았는데, 당은 공화정을 지지했지만, 베버는 군주제 유지를 공개적으로 표명해 왔다는 것이 그 이유였다. 그러나 베버는 당 지도부와 관계를 유지했고 당 강령 작성에도 참여했으며 민주적 부르주아 정당을 위한 정치 선전에 적극 가담했다. Wolfgang J. Mommsen, *Max Weber and German Politics 1890~1920*, University of Chicago Press, 1984, pp. 303~304.

역구에서 출마(베버가 희망했던 프랑크푸르트 지역구 후보의 지명은 당 지도부에 의해 거부되었다)했지만 낙선했다. 그러나 그와 함께 선거에 나섰던 부인 마리안네 베버는 바덴주 의원으로 당선됐고, 이후 부르주아 여성운동의 지도자가 되었다.

1917~19년은 그가 학자인 동시에 정치인이 될 수 있는가라는 문제를 고민했던, 평생에 걸친 도전의 마지막 단계였으며, 결국 실패로 끝났던 시기이기도 하다. 『소명으로서의 정치』를 읽으면서 우리는, 이 책이 암울한 분위기를 갖게 된 데에는 당시 독일이 직면했던 국가적 위기와 정치 참여에 실패한 개인적 좌절이 중요한 모티브로 작용하지 않았을까 생각하게 된다.

1919년 가을 그가 존경하고 사랑한 어머니가 사망했다. 1920년 여름에는 베버가 급성폐렴으로 사망했다.

3. 소명의 의미

『소명으로서의 정치』는 독일어 원래 제목 "Politik als Beruf"를 우리말로 옮긴 것이다. 그런데 'Beruf'라는 말은 소명召命과 직업이라는 의미를 동시에 갖는다. 사전적 말뜻만 그런 것이 아니라, 베버가 이 책에서 의미했던 바도 그러하다. 그래서 한 대표적인 영어 번역판은 두 의미를 동시에 사용해서 "정치라는 직업과 소명"이라고 풀어쓰기도 한다.[18] 그러나 두 의미 가운데 제목으로 하나만 선택해야 한다면, 어느 것도 무방하지만 소명이라는 말이 낫지 않을까 생각한다. 그것은 단순한 직업 정치인을 말하는 것이 아니라, 소명 의식을 가진 직업 정치가를 말하기 때문이다.

다른 의미에서도 '소명'은 좋은 용어 선택이라 하겠는데, 그것은 하느님의 부름 또는 명령을 뜻하는 칼뱅주의적 의미를 담기 때문이다. 즉, 이는 신의 부름에 응하고 그에 복무하는 것을 종교적·윤리적 의무로 생각하는, 신교 윤리의 근간이 되는 말이다. 칼뱅주의는 베버 사상의 출발점이다. 그는 칼뱅주의를 가장 독일적인 것으로 생각했던 듯하다. 카리스마적 지도자, 합리화, 탈신비화, 일상화와 같은 말은 모두 종교에 뿌리를 두고 있으며, 종교적 의미와 밀접하게 연결돼 있는 것으로, 베버 사회학의 중심 개념들이다.

그의 유명한 저서 『프로테스탄트의 윤리와 자본주의 정신』은, 일상의 경제생활에서 이윤을 축적하는 상업 행위를 신의 부름으로 생각하고, 그러므로 헌신적으로 그에 복무했던 칼뱅주의자들이, 가장 금욕적인 그들의 교리와는 달리 자본주의 발전에 기여하게 되는 의도하지 않은 결과를 만들어냈음을 테마로 한다.[19] 마찬가지 논리로 『소명으로서의 정치』에서는 한 사람의 정치인/지도자는 무엇보다 먼저 프로테스탄트적 윤리에 상응하는 정치적 소명 의식을 갖지 않으

---

[18] Max Weber, "The Profession and Vocation of Politics", in Lassman and Speirs eds., *Weber: Political Writings*.

[19] Max Weber, *The Protestant Ethic and the Spirit of Capitalism and Other Writings*, Penguin Books, 2002 (『프로테스탄티즘의 윤리와 자본주의 정신』, 김덕영 옮김, 길, 2010).

면 안 된다는 것을 말한다. 그렇다면 여기에서 소명 의식은 무엇일까? 그것은 두 가지 의식을 동시에 말한다.

하나는 내면적 신념 혹은 '내면적 신념 윤리'의 원천으로서의 소명 의식이다. 소명 의식에서는 '내면적'이라는 말이 무엇보다 중요하다. 외부로부터 어떤 목적의식이 주어지는 것이 아니라 신앙 또는 신념을 통해 갖게 된 스스로의 내면적 믿음이, 그로 하여금 어떤 외부적 보상이나 제재가 아니더라도 무조건적으로 마땅히 그가 해야 할 의무감을 갖게 한다는 점에서 윤리적·도덕적 기초인 것이다.

다른 하나는 그의 신념을 현실 속에서 이행해야 할 책무, 즉 베버가 말하는 '책임 윤리'의 도덕적 원천으로서 소명 의식이다. 한 사람의 행위자가, 그가 상인이든 정치인이든, 신앙을 통해 획득한 내면적 신념을 세속적인 현실 세계에서 아무리 힘들더라도 이루어 내는 것을 자신의 의무라고 생각하는 책임 윤리의 개념과 칼뱅주의는 깊은 연관성을 갖는다. 천국의 이상을 개인 내면에 구축하면서 정치와 세속적 관심사를 멀리하는 루터의 프로테스탄티즘과는 달리, 칼뱅의 프로테스탄티즘은 현실을 인정하고 그로부터 발생하는 세속적 요구와 적극적으로 대면할 것을 가르친다.

정치철학자 마이클 왈저에 따르면, 칼뱅주의는 정치 현실에 대해 놀라울 정도로 현실주의적이고 탈도덕적인 인식을 특징으로 한다. 그것은 세상에 존재하는 것에 대한 객관적이고 비관적인 인식 방법을 내포하는 교리다.[20] 그러므로 칼뱅주의의 신앙인들은 역설적으로 그것이 상업이든 정치든, 적극적으로 세속적 과업에 참여하고, 무언가를 이루어 내는 것을 통해 그 부분만큼 구원받는다는 믿음을 갖는다. 세속의 일에 적극적으로 참여해 무엇을 이루어 내야 하는 것은, 곧 '책임 윤리'와 닿아 있는 부분이다. 『프로테스탄트의 윤리와 자본주의 정신』과 내용은 다르지만, 『소명으로서의 정치』에서 말하는 정치가의 직업 정신 내지 소명 의식은 자본주의적 경제생활에 적극적인 프로테스탄트와 상응하는 측면이 크다.

소명 의식은 하늘이 준 직업을 뜻하는 천직이라는 우리말을 통해서도 잘 이해될 수 있다. 자신이 하고 있는 직업은 하늘이 내린 것이기 때문에, 가능한 한 모든 열성을 다해 그 과업에 복무해야 한다는 뜻을 함축하기 때문이다. 예컨대 어떤 사람이 교사라고 한다면, 그는 봉급이 얼마가 되든, 직장 안에서 어떤 직위를 갖든, 사회적으로 교사라는 직업이 어떤 대접을 받든, 그런 것들과는 무관하게 그 자신이 교사로서 해야 할 일 — 성심성의껏 아이들을 가르치는 일 — 을 의무이자 천직으로 알고 그 일에 전념한다는 그런 의식이자 윤리를 말하는 것이다.

『소명으로서의 정치』는 정치인에 대해서도 그렇게 생각하면서 그/그녀가 어떤 소명 의식을 가져야 하는가라는 문제를 주제로 한다. 그런데 여기에서 유념할 것은, 정치인이 가져야 할 소명 의식은 두 가지의 도덕성, 즉 신념 윤리와 책임 윤리로 구성돼 있다는 사실이다. 소명이라는 말 속에는 '나는

20) Michael Walzer, *The Revolution of the Saints*, Harvard University Press, 1965, pp. 22~28.

왜 정치를 하려 하는가?'라는 물음과, '어떻게 나의 목적을 성취할 수 있는가? 그래서 어떻게 좋은 결과를 만들어 낼 수 있는가?'라는 서로 모순된 물음을 동시에 포괄하고 있는 것이다. 이에 대해서는 9절, 10절, 11절에서 다시 자세히 보기로 하고 우선은 베버가 인간의 정치 행위를 어떻게 이해했는지부터 살펴보기로 하자.

4. 정치적 현실주의

베버의 '행위 이론'은 네 가지 이념형 — 즉, 첫째, 목적 합리성을 따르는 것, 둘째, 가치 합리성을 따르는 것, 셋째, 감정에 의한 것, 넷째, 전통적 규범을 따르는 것 — 으로 구성돼 있다. 행위 이론의 관점에서 말한다면, 정치적 도덕의 두 종류로서 신념 윤리와 책임 윤리는 각각 가치 합리적 행위와 목적 합리적 행위에 대응하는 말이라 할 수 있다. 즉, 전자가 종교적 구원이나 어떤 초월적 이념을 따르는 것처럼 행위 그 자체가 가치를 구현하는 것을 의미한다면, 후자는 어떻게 효과적으로 목적에 도달할 수 있는가를 판단해서 뭔가를 성취하려는 행위를 지칭한다.

이 문제는 베버 사회과학 방법론의 대명사라고 할 '가치 중립'Wertfreiheit, value-freedom 또는 '가치판단으로부터 자유'Werturteilsfreiheit, freedom from value-judgement의 방법을 소재로 접근할 수 있다. 현대 사회과학 방법론에서 볼 때, 베버의 가치중립적 방법이 갖는 문제점과 한계가 어떤 것이든 간에, 연구자 내지 관찰자가 자신의 가치를 개입하지 않고 사실을 객관적으로 이해하고 분석하려 노력하는 것은 어떤 연구에서도 기본이 된다고 할 수 있다. 물론 사회과학 연구가 연구자 자신이 중시하는 가치로부터 얼마나 또 어떻게 자유로울 수 있는가 하는 문제는 논란의 대상이 될 수 있다.

근본적으로 가치중립은 연구자가 지닐 수 있는 문화적·종교적·이념적 그리고 어떤 종류의 희망적 사고의 영향도 배제하고, 도덕적인 문제를 사실과 뒤섞지 않으며 사실 그 자체에 접근하고 탐구하는 것을 의미한다. 그러나 이 말은 연구 주제의 선정, 이론과 방법론의 선택에서까지 연구자의 가치나 감정을 배제할 수 있다거나, 연구자의 연구 목적과 의도 자체가 중립적이어야 한다는 뜻은 아니다. 그보다는 사회현상이나 사실을 있는 그대로 볼 수 있는 지적 힘을 가리킨다고 이해하는 것이 훨씬 베버의 생각에 가깝다. 사회현상, 사회적 사실을 있는 그대로 볼 수 있는 힘은 사실을 덮고 있는 가치로부터 자유로워질 때 획득될 수 있다. 이는 사회과학자가 사명으로 하는 과업이다.

베버가 가장 자주 강조했던 정치적 덕은 신념이나 이념과 같은 주관적인 것이 아니라, 오히려 사실성, 객관성, 현실성 Sachlichkeit, matter of factness, realism이다. 이런 관점에서 보면 『소명으로서의 정치』에서 말하는 이상적 정치가란, 자신의 열정을 객관성과 결합하는 능력을 가진 사람이다. 다시 말해 사회가 어떻게 조직돼 있고, 어떻게 작동하는지를 알고, 그 목적을 성취하기 위해서는 어떤 수단이 선택될 수 있는지에 대해 알고 행위할 수 있어야 한다는 것이다.

가치중립적 방법론과 사회과학적 지식은 목적 합리적 행위를 가능하게 하는 지적 기반이 된다. 책임의 도덕성과 목적 합리성은 동일한 내용을 다른 차원에서 말하는 것이라고 할 수 있다. 그리고 이것은 베버의 정치적 현실주의의 기초이다. 나는, 베버가 니체와 같은 가치 상대주의에 빠지지 않을 수 있었던 것은, 사실성에 대한 그의 강조, 경험적 지식에 대한 그의 열정 덕분이었다고 생각한다. 그것이야말로『소명으로서의 정치』에서 말하는 책임 윤리의 중요성과 직접적으로 맞닿아 있는 부분이다.

정치의 리더십이란, 사회적 결사체나 경제적 기업과 같은 사적 조직의 리더십이 아니라 정치적 영역에서 요구되는 특별한 종류의 리더십을 말한다. 베버는 정치의 중심이 되는 영역을 국가라고 정의한다. 정치 이론의 고전으로서『소명으로서의 정치』를 유명하게 만든 것은 '신념 윤리'와 '책임 윤리', 카리스마적 리더십과 더불어 이 국가에 관한 정의다. 그는 "인간의 인간에 대한 권위의 관계에 기초"하고 있는 국가란 "특정한 영토 내에서 정당한 물리적 폭력/강권력의 독점을 (성공적으로) 관철한 유일한 인간 공동체"라고 정의한다.

이어서 정치에 대해 말하기를 "국가들 사이에서든 국가 내 집단들 사이에서든, 권력에 관여하고자 하는 분투노력 또는 권력 배분에 영향력을 행사하고자 하는 분투노력"이라고 말한다. 여기에서 특징적인 것은 국가이든 정치든 ('최종 순간에는' 폭력을 수반하는) 권력의 문제를 중심으로 정의한다는 것이다. 다시 말해 권력을 중심적인 수단으로 하는 지배와 피지배의 관계, 이를 획득하려는 갈등과 투쟁으로 정의한다는

것이다. 요컨대 베버에게 정치와 갈등은 동일한 것이다.[21]

이처럼 베버는 국가이든 정치든 이를 미화하려 한다거나 또는 그 부정적인 측면을 순화하려는 어떤 시도도 하지 않는다. 그렇게 할 여지가 있는 이념적·이데올로기적·도덕적 베일이나 장식들은 모두 벗겨 버리고 곧바로 정치의 핵심으로 들어간다. 그로부터 정치는 권력을 향한 투쟁이 만들어 내는 갈등으로 충만하고, 살벌하고 음산한 이미지를 갖게 된다. 이런 정의를 따르면 일상적으로 우리가 정치를 말할 때 구분하는, 국제정치와 국내 정치 간의 차이는 별 의미를 갖지 못한다. 국내 정치에서도 국제정치에서와 같이 본질은 궁극적으로 힘의 정치이며, 이 점에서 권력과 정치를 이해하는 베버의 방식은 마키아벨리, 홉스와 유사하다.

그러나 간과해서는 안 되는 것은, 궁극적으로는 그 본질이 힘의 정치에 있다 하더라도 그것이 정당성을 가져야 한다는 점이다. 오히려 정치의 핵심 문제는 인간이 인간을 통치/지배할 때, 통치자 내지 지도자가 어떻게 피치자 내지 대중으로부터 정당성을 획득할 수 있는가에 있다. 베버는 지배 Herrschaft, domination, rule의 정당성을 위한 기초를 세 가지 이념형으로 구분한다.

첫째는 전통이나 관습, 또는 선례에 기초한 전통적 정당성, 둘째는 법의 절차적 원리를 중심으로 한 합리적 정당성,

---

21) Mommsen, "Politics and Scholarship: The two icons in Max Weber's life", *The Political and Social Theory of Max Weber*, pp. 13~15.

셋째는 지도자의 카리스마적 자질에 대한 믿음에 근거한 카리스마적 정당성이다. 그런데 여기에서 주목할 것은, 앞의 두 가지 정당성이 하나는 전통 사회, 다른 하나는 근대 이후 사회에서 지배적인 방식을 대표하는 데 비해, 카리스마적 정당성은 전통 사회나 근대사회 어디에나 속하는 유형이라는 점이다.

그렇다면 하나의 통치 체제로서 민주주의는 어디에서 정당성을 찾을 수 있는가? 정당성의 유형으로 볼 때 민주주의는 근대적 정치체제의 한 형태로서 인민주권의 원리 위에 그들이 제정한 법과 절차적 정당성으로 성립되는 체제이기 때문에 법적·합리적 정당성의 범주에 속한다고 생각하기 쉽다. 그러나 예상과는 달리 베버는 민주주의를 카리스마적 지배 형태로 범주화한다. 물론 현실에서 정당성의 기반은, 그것이 이념형적 유형이기 때문에 어느 하나의 순수형으로 이루어진 것이 아니라 혼합된 것이다. 다만 그것이 중심적이라는 말이다.

베버에게 민주주의는 기본적으로 카리스마적 지도자가 자신의 목적의식을 대중에게 호소하고, 대중이 그에 호응해 그를 지지하는 것으로 이루어지는 지도자-대중의 관계, 즉 카리스마적 지도자와 이를 추종하는 대중의 열망 사이에서 발생하는 지배-정당성의 상호 관계에 기초한 통치 체제이다. 바꾸어 말하면 민주적 리더십이란 카리스마적 권위의 한 유형인 것이다.

지도자의 권위는 피치자의 의사로부터 도출되고, 또 그것에 의해 정당화된다. 따라서 베버에게서 고대 그리스 민주주

의와 현대의 대의제 민주주의 간의 근본적 차이는 없다. 왜
냐하면 통치의 제도나 방법에는 차이가 있을지 모르나, 지도
자-대중의 관계라는 점에서 동일하기 때문이다.

베버의 관점에서 보면, 현대의 대의제 민주주의가 정당성
을 갖는 것은 대중이 정치에 참여하는 방법이 어디까지나 선
거를 통해 대표를 선출하는 규칙을 따른다는 점 때문이다.
그리고 이 과정에서 데마고그(대중 선동가)가 출현하는데,[22]
그것은 투표를 통한 지도자 선출, 그리고 이를 뒷받침하는
정당이라는 대중조직과 직접적으로 연결된 현상이다. 고대
민주주의에서든 현대 민주주의에서든 민주적 지도자는 곧
데마고그라는 것을 말하는 베버의 이런 주장은, (인민주권의
원리와 대중의 평등한 정치 참여, 시민사회의 이니셔티브 등으로 민주
주의를 정의하는) 지배적인 관념과 충돌하면서 학자들 사이에
서 많은 논쟁과 비판을 불러왔다.

베버의 민주주의관은 국가에 대한 정의 못지않게 충격적
이다. 그것은 민주주의에 대한 어떤 과도한 기대나 이상도
갖지 않는 냉혹한 정치적 현실주의의 관점이 아닐 수 없다.
민주주의에 대해 오로지 기대할 수 있는 것은, 어떻게 한 정
치 공동체가 카리스마적 지도자를 배출하고, 그의 유능한 리
더십이 얼마나 성과를 만들어 내는지일 뿐이라는 것이다.

22) 여기에서 데마고그라는 말은 지도자-대중의 관계를 객관적으로 서
술한 개념이다. 현대사회에서 이 말은 대체로 부정적 의미로 사용된
다. 베버 역시 이를 맥락에 따라 부정적으로 사용하기도 한다.

현대의 대의제 민주주의를 이해하고, 이론을 정립하는 데 슘페터는 하나의 큰 전환점이다. 그에게 민주주의는 "인민으로부터 표를 얻으려는 경쟁적 투쟁을 통해 엘리트들이 권력을 획득하는 제도적 장치" 이상이 아니다.[23] 민주주의에 대한 이런 철저한 현실주의적 접근은, 그 자신이 인정하듯 베버로부터 나온 것이다.[24] 슘페터에 앞서 베버는 고대 그리스의 직접민주주의를 포함해 그 어떤 민주주의에 대해서도 이상주의적으로 이해하지 않는다. 지도자들에게 부여되는 통치에 대한 권위는 피치자의 의사를 통해 획득되는 정당성의 형태에 따른 것일 뿐이다.

베버는 국가나 정당 같은 자율적 정치조직이 인민주권, 인민의 이니셔티브를 통해 운영되고 그에 따라 작동한다고 생각하는 것은 비현실적이라고 본다. 민주주의도 어디까지나 정치 엘리트에 의해 통치되는 것이고, 인민은 엘리트를 선출하는 수동적 역할 이상을 갖지 못한다는 것이다. 여기에서

---

23) Joseph A. Schumpeter, *Capitalism, Socialism and Democracy*, Harper & Row Publishers inc., 1942/1950, p. 269 (『자본주의·사회주의·민주주의』, 이영재 옮김, 한서출판, 1985).

24) 민주주의에 관해 베버와 슘페터의 연계에 대해서는, Richard Bellamy, *Rethinking Liberalism*, Pinter, 2000, ch. 5, "Schumpeter and the Transformation of Capitalism, Liberalism and Democracy", pp. 91~107, David Beetham, *Max Weber and the Theory of Modern Politics*, Polity Press, 1985, p. 111, 데이비드 헬드, 「경쟁적 엘리트주의와 기술 관료적 비전」(5장), 『민주주의의 모델들』, 박찬표 옮김, 후마니타스, 2010, 244~304쪽.

우리는 민주주의에 대해 지극히 현실적이고 극도로 절제된 이해를 발견하게 된다. 이 점에서 현대 민주주의 이론의 출발점이라고 할 '최소 정의적 민주주의', 즉 민주주의를 최소한의 요건을 통해 최소주의적으로 이해하는 것의 원조는 슘페터가 아니라 베버라고 할 수 있다.

5. 대중 투표제적 지도자 민주주의 1 : 개념과 배경

앞서 이야기했듯이 『소명으로서의 정치』는 대중 투표제적plebiscitarian 원리에 입각해 있고 카리스마적 자질을 갖는 지도자가 중심이 되는 '지도자 민주주의'Führer Democratie, leadership democracy를 대안으로 제시한다. 이는 베버의 정치적 관점을 집약하는 말이지만 매우 생소한 개념이 아닐 수 없다. 이 개념은 제도적 의미를 갖는 대중 투표제라는 말과, 특정의 행위자 개인을 가리키는 지도자라는 다른 차원의 말을 결합한 것이다. 대중 투표제라는 말은 오해될 여지가 크기에 더 논의하기에 앞서 그 개념을 분명히 정의해 둘 필요가 있겠다.

1919년 초 베버의 강연이 있던 시점은 오늘날처럼 1인 1표라는 평등한 정치 참여 원리에 따른 보통선거권이 모든 성인 남녀에게 부여되지 않은 때이다. '납세자 투표 체제'régime censitaire라는 말에서 알 수 있듯이, 계급·신분·교육·납세 등을 기준으로 한 차등적·차별적 투표 제도가 일반적이었다. 프로이센의 '3계급 투표제'는 그 전형적인 사례의 하나다.[25]

베버는 국가형태 또는 정치체제를 '군주 정부', '의회 지배 체제', '민주주의'로 분류하곤 했는데 이것과 나란히 '군주제적'monarchic, '의회 지배적'parliamentary, '대중 투표제적'이라는 표현을 썼다.[26] 여기서 말하는 의회 지배 체제 혹은 의회 지배적이라는 말은, 투표권 제한을 통해 명사들을 대표로 선출하는 귀족주의적·엘리트주의적 정치체제를 지칭한다.

한편 대중 투표제라는 말은, 헌법 제정이나 개정, 또는 어떤 국가적 중대사에 관해 전체 국민의 의사를 묻기 위해 투표하는 현대의 국민투표referendum와 다르다. 베버가 사용하는 '대중 투표제'적이라는 말은, 현대 민주주의의 핵심 제도로서 보통선거권을 갖는 시민의 직접 투표를 통해 대표를 선출하는 것을 뜻한다. 그러므로 그것은 사실상 현대 민주주의를 의미하는 것이다.

---

25) '3계급 투표제'는 보통선거권을 제약하는 프로이센의 대표적인 제도이다. 사회적 신분, 계급을 납세 기준에 따라 세 등급으로 구분해 차등적 투표권을 부여한 선거제도로서 융커의 특권과 금권정치를 보장하고 압도적 다수인 평민들의 대표성을 제한했다. 이런 제도를 통해 프로이센의 의회가 구성되었는데, 이 제도는 통일 이후 제국헌법에서도 그대로 유지되었다. 따라서 사민주의 좌파들이나, 베버를 비롯한 부르주아 지식인들 및 정치인들은 권위주의적이고 군주정적인 헌정 구조의 중심에 있었던 '3계급 투표제'를 정치적 근대화를 위한 헌정 개혁의 대상으로 생각했다. Max Weber, "Suffrage and Democracy in Germany", in Lassman and Speirs eds., *Weber: Political Writings*. 또한 Thornhill, *Political Theory in Modern Germany*, ch. 1, "Max Weber", pp. 18~54, Mommsen, *Max Weber and German Politics 1890~1920*, ch. 7, pp. 190~282를 참조할 것.

26) Weber, "Suffrage and Democracy in Germany", p. 86.

제2제국으로부터 공화정으로의 이행기이자 민주주의의 제도와 운영 원리에 대한 새로운 비전이 기대되던 시점에서 (인민주권의 원리, 시민 참여 확대, 정당·입법부의 기능 강화, 행정부 권력의 견제를 중심으로 한 민주주의의 발전과 같은, 자유주의 원리에 입각한 의회 민주주의의 제도 강화를 말하는 것이 아니라) 지도자의 역할과 세자리즘적 요소를 강조하는 것은 독창적이지만, 파격적이고 예상 밖의 주장처럼 보인다.

국민의 직접 투표를 통한 카리스마적 지도자 민주주의를 제시하는 베버의 주장은, (다음 절에서 좀 더 자세히 살펴보겠지만, 잘 발달된 관료적 국가와 허약한 의회주의를 특징으로 하는 민주주의 후진국으로서) 당시 독일의 조건을 배경으로 한 것이었다. 그것은 자유주의와 민주주의의 허약함 그리고 독일 정치제도의 낙후성과 밀접한 관련이 있다. 그것의 직접적인 결과는 정치적 리더십의 결여 내지 부재로 나타났다. 다른 한편 급속한 산업 발전이 가져온 자본주의 체제의 '합리화'rationalization가 있었다.

'합리화'는 베버의 사회 이론에서 진정으로 핵심이 되는 개념이다. 대표적인 베버 연구자의 한 사람인 랜달 콜린스에 따르면, 베버에게 합리화는 '역사의 중심 경향'master trend of history을 지칭하는 말이다.[27] 합리화 과정의 본질은, 사회적 행위자로서 인간이 그의 삶의 환경을 더 넓게 통제할 목적으로

27) Randall Collins, *Max Weber: A Skeleton Key*, Sage Publications, 1986, pp. 61~80.

비인격적·비개인적 관계impersonal relationships의 맥락에서 지식을 사용하는 경향이 커지는 데 있다.

그러나 이 합리화 과정은 인간 행위를 규율하는 규칙에 인간을 예속시키는 결과를 가져오기에, 인간의 자유와 자율성을 제약하고, 수단을 목적시하며, 합리화된 제도·조직·행위라는 '쇠창살의 우리'stahlhartes Gehäuse, iron cage[28]에 인간을 가두게 된다. 많은 논평자들은, 베버가 현대사회의 이런 합리화 경향에 대해 진단하면서 누구보다도 인간의 자유를 비판적으로 전망했다고 본다.

합리화의 진전에 따른 관료 지배의 강화, 허약한 의회와 그것이 가져온 정치적 리더십의 부재는 당시의 독일을 위기에서 벗어나기 어렵게 했다. 베버가 국민의 직접 투표를 통한 카리스마적 지도자 민주주의를 제시한 것은 이런 비관적 조건에서 민주주의가 어떻게 효능을 가질 수 있느냐는 문제에 답하려는 것이었다.

카리스마적 지도자에 대한 논의는 니체의 『차라투스트라는 이렇게 말했다』를 인용하는 것으로부터 시작된다. 베버에 따르면 카리스마적 지도자는 그 자신의 책무를 위해 살고, "자신에게 맡겨진 과업을 추구하는" 사람이다.[29] 내적 신념

---

28) Weber, *The Protestant Ethic and the Spirit of Capitalism and Other Writings*, p. 121.

29) F. Nietzsche, *Also Sprach Zarathustra*, Anaconda Verlag GmbH, Köln, 2005, p. 181. "'오, 차라투스트라여, 당신은 아마도 당신의 행복을 추구하고 있는 것이 아닌가?'라고 그를 둘러싸고 있는 그들(동물들)이 물

을 간직한 카리스마적 지도자가 처음 대면하는 문제는 어떻게 자신의 목적을 실현할 수 있을 것인가, 그리고 그 목적을 위한 수단은 무엇인가 하는 질문이다. 왜냐하면 자신의 목적을 뜻만 가지고 혼자 힘으로는 성취할 수 없기 때문이다. 그래서 베버는 이렇게 말한다.

그들[소명을 가진 정치가들]만이 정치적 권력투쟁의 전개 과정에서 유일하게 영향력을 행사하는 것은 아니다. 결정적으로 가장 중요한 것은 이들의 가용 자원이 어떤 종류의 것이냐는 문제에 있다. 정치적으로 우세한 권력을 가진 자들은 어떤 방법으로 자신들의 지배권을 확고히 하는가?(이 책 18쪽).

이 문제에 대한 베버의 해답은 (카리스마적 정당 지도자를 전적으로 추종하는 정당의 대중 동원 기구를 뜻하는) '머신'machine을 갖는 지도자 민주주의로 압축된다. 한 사람의 카리스마적 지도자가 자신의 내적 소명 의식을 실현할 수단으로서 정당 머신이라는 정치적 자원을 갖는 것은 그에게 핵심적인 문제다.

이 문제에 대한 서술은, 『소명으로서의 정치』의 전체 분량 가운데 3분의 2를 차지할 정도로 많은 부분이 할애된다. 그리고 그 내용은, 직업적 정치인으로서 카리스마적 지도자

었다. '행복이라고? 그 무슨 말인가?'라고 그는 대답했다. '오랫동안 나는 행복을 추구하지 않았다. 나는 나의 과업을 추구하고 있다'Ich trachte nach meinem Werke." 베버는 『소명으로서의 정치』에서 이 맨 마지막 문장을 인용했다.

가 출현하게 되는 조건을 (고대로부터 현대에 이르기까지 그리고 유럽 여러 나라와 미국의 사례들을 포괄해) 역사적으로나 사회적으로 비교 분석하는 것으로 이루어진다.

이는 정치제도 내지 정치체제들에 대한 단순한 비교 역사적 서술이라는 차원을 넘어선다. 현대 정치제도들은 어떻게 형성·발전됐으며, 현대 대의제 민주주의의 본질은 무엇인가, 직업적 정치인 집단은 어떻게 형성·발전됐나, 또 그들은 어떻게 다른 행위 패턴과 가치를 갖는 집단으로 분화되었나, 선출된 정치인과 관료의 차이는 무엇이고 정치에서의 역할은 어떻게 다른가, 선거와 정당은 민주주의의 발전과 더불어 어떻게 변화했나, 의회의 기능은 대의제 민주주의의 발전에 따라 어떻게 변화했나, 자본주의의 발전 및 그 합리화 과정과 더불어 이들 제도는 어떻게 관료 조직으로 변화·발전했나, 현대 정치에서 언론의 역할은 무엇인가, 정치 영역에서의 관료 조직과 자본주의 생산 체제에서의 기업 조직 사이에는 어떤 공통점이 있고 어떤 차이가 있나, 이런 조건에서 리더십 행태는 어떻게 달라지나, 대중적 민주주의 체제에서 리더십은 어떻게 창출될 수 있나 등등 현대 정치의 중심 문제들을 사실상 모두 포괄하고 있다고 해도 지나치지 않다.

앞에서도 말했듯이, 베버는 민주주의를 카리스마적 정당성에 기초한 지배 형태로 분류한다. 이런 유형 분류는 그가 지도자 민주주의를 대안으로 제시하는 것에 대한 이론적 기반을 제공한다. 베버에 따르면, 민주주의는 서구의 독특한 창안물이라고 할 수 있는데, 그것은 고대 그리스에서 기원한 자유 시민과 그들의 지지를 받는 데마고그의 출현을 통해 실현된 것이다. 데마고그의 원래 의미는 대중에 호소하는 대의를 제시함으로써 그들로부터 지지를 획득하는 지도자를 말한다. 그러므로 민주주의는 대중에 호소하는 대중적 지도자와 이를 추종하는 대중의 열망이라는 상호 관계로 구성되는 통치 체제다. 중국이나 한국과 같은 유교 문화권에서 군주와 사대부 계급들이 일반 백성을 통치할 때, 이런 성격의 통치자-대중 관계에 기반하지 않는 것은 물론이다.

민주주의에 앞선 통치 체제로서의 국가 유형들 — 예컨대 전통 사회에서의 가산제적 국가, 가부장적 국가나 중세 유럽의 봉건국가, 중세 독일의 신분 국가Ständestaat, estate state 등 — 과 비교할 때는 물론, 고대 그리스 민주주의와 비교할 때 현대 대의제 민주주의의 가장 큰 특징이 드러난다. 즉, 그것은 경쟁적인 선거를 통해 지도자 내지 직업적 정치인 집단을 선출하는 체제라는 사실이다. 그러므로 현대의 통치 체제로서 민주주의는 대중 투표제를 가장 핵심적인 요소로 하는 것이고, 대중의 투표를 조직하기 위한 중심적인 머신으로서 정당조직을 핵심으로 하는 체제로 정의되는 것이다.

베버에게서 "정당 조직의 가장 최근 형태는 …… 민주주의, 보통선거, 대중 동원 및 대중조직의 필요성, 매우 엄격한 규율의 발전 그리고 지도부 내에서 고도의 통일성"이라는 조건에 적응하고자 한 결과이다. 그리고 그것의 사회학적 내용은 선거 영역이 개방됨으로써 선출직 공직자를 추구하는 새로운 사회집단으로서 직업적인 정치인들의 대거 출현이다. 따라서 문제의 핵심은 이 새로운 직업 정치가들이 새로운 정치제도에서 어떻게 행위하는가에 있다.

왜 베버는 과격하게도 대중 투표제적 지도자 민주주의를 주장했을까? 베버가 살았던 20세기 초 독일의 맥락에서 본격적으로 이 문제를 살펴보자.

6. 대중 투표제적 지도자 민주주의 2 : 비교의 맥락

베버가 논지를 전개하는 데 있어 영국의 의회주의와 미국의 정당정치는 이념형적 모델로서 언제나 독일과 비교된다. 그러면서 그는 당시 독일에서 정치가 작동하는 데 결정적으로 중요한 세 가지 요소를 지적한다. 첫째, 의회의 무력함, 둘째, 전문적인 행정 관료의 강함, 셋째, 독일 정당의 특성으로서 세계관을 달리하는 이념 정당들의 존재 등이다.

제2제국의 헌법(이른바 비스마르크 헌법)이 입헌군주제적 요소를 갖는다 하더라도 의회주의를 중심으로 하는 영국의 입헌군주정과는 근본적으로 다르다. 독일은 어디까지나 '유사' 입헌군주정일 뿐이다. 의회주의의 패러다임으로서 영국은, 일찍이 의회 권력의 발전 과정에서 단일하고 통일적인 리더십을 추동해 왔고, 그리하여 의회가 왕권을 압도하면서 최고 권력을 갖게 되었다. 한 사람의 의회 최고 지도자가 내각의 수장이 되고, 직업적인 행정 관료들을 통제·지휘하면서 정책 결정권을 갖는 최고 권력기관이 된 것이다.

다수당의 지도자가 내각 수반이 되지만, 당에 대한 그의 리더십이 확고하기 때문에 정부의 업무와 당의 업무가 충돌하지는 않는다. 당의 구조는 진정으로 당을 통솔하고 나아가 내각을 운영하는 인사들로 구성된 매우 효과적인 정치조직이다. 그렇기 때문에 이들은 국내 정치에서 권력을 행사할 수 있고, 국제 관계에서도 국가적 힘을 중심으로 상위 정치 high politics를 이끌어 나갈 수 있는 것이다.

그에 비해 제2제국에서 의회주의의 발전은 영국과는 근본적으로 달랐다. 외형상으로만 보면 두 나라의 의회주의는 크게 다르지 않았다. 프로이센에서 비스마르크에 의해 보통선거권이 부여된 것은 1866년이다. 프로이센이 3계급 투표제를 포함하는 여러 가지 법적·제도적 제한을 두었다 하더라도 1867년 영국의 2차 개혁 법안에 의한 선거권의 부여와 비교할 때 차이가 큰 것은 아니다. 그 위에 가톨릭중앙당, 사회민주당과 같은 주요 정당들이 종교적·계급적 균열을 따라 잘 조직화되고 제도화되면서 성장했다.

그러나 이런 보통선거권에 기초한 대의제적 의회주의 제도가 허용되었음에도, 실제로 독일연방 국가의 하원Reichstag, 즉 의회 권력은 헌법적 제도를 통해 제한되었다. 최고 권력은 제도적으로나 실제적으로 카이저에게 있고, 나머지 권력은 연방 상원에 의해 분점되었는데, 연방 상원은 연방을 구성하는 주 정부들에 의해 선출되어 파견된 대표들로 구성되었다. 더욱이 연방 상원은 인민의 직접 투표를 통해 선출된 것이 아닐뿐더러 프로이센주의 의석이 다수를 점할 수 있도록 과대 대표되는 방식으로 구성되었다.

두 번째 특징인 전문적인 행정 관료의 강함 내지 발달된 행정 관료 기구에 대해 살펴보자. 사실상 카이저에 의해 임명되는 각료와 그들로 구성된 내각은, 선출된 의회 대표가 아니라 직업적인 행정 관료들로 충원되었고, 또한 이들은 의회에 대해 책임질 필요가 없었다.[30] 권력의 소재, 즉 정책 결정권은 사실상 의회와는 무관한 것이었다. 정치에 헌신하고자 하는 열망을 가진, 능력 있는 정치인이라면 이런 조건에서 누가 의회에 진출하려 하겠는가?

독일에서는 선출된 대표, 또는 직업적 정당정치인과 선출되지 않는 행정 관료들 사이의 정치적 힘의 관계가 압도적으로 후자인 행정 관료에게 기울어 있었다. 그리고 이런 관료적 권력 엘리트들의 전제적 지배는 결코 완화될 조짐을 보이지 않았다.

베버가 독일의 정치발전에서 세 번째 부정적 요소로서 정당을 지적하는 것은 흥미롭다. 제2제국하에서 대표적인 야당이었던 가톨릭중앙당과 사회민주당을 비롯한 다수 정당들은 종교적·계급적·이념적 선을 따라 잘 조직돼 있었다. 독일의 정당들은 세계관을 달리하는 이념 정당들로서 각각 다른 정치적 원칙과 신념을 추구하는 정당들이었다.

당시 독일의 여러 정당 가운데서 가장 중요한 두 정당인 가톨릭중앙당과 사회민주당의 의회주의에 대한 태도는 특히

---

30) 베버는 『소명으로서의 정치』에서뿐만 아니라, 그의 "Parliament and Government in Germany under a New Political Order"에서 독일제국 시기 정치제도와 헌정 체제에 대해 매우 상세하게 논하고 있다. 그 정치적 배경에 관해서는 Mommsen, *Max Weber and German Politics 1890~1920*, 특히 ch. 6, "Foreign Policy and the Constitutional System", pp. 137~189 참조.

중요하다. 전자는 그들이 신교 국가에서 가톨릭 정당이었기에 항구적인 소수파일 수밖에 없어서, 그리고 후자는 부르주아 정치 질서에 참여하는 것이 자신들을 오염시킬까 두려워서, 의회 체제의 정치 게임에 참여하기를 거부하고 주로 의회 밖에서 활동하고 있었다.

독일에서 정당은 협소한 이익과 공동 관심사를 중심으로 조직된 정치적 길드(폐쇄적인 동업 집단)이거나, 특히 부르주아 정당의 경우, 명사들의 서클 이상이 아니었다. 이들이 당 밖의 명사들을 충원한 것은 이러저러한 유명 인사들이 우리 편에 있다는 점을 내세우면서 당의 목적을 선전하기 위해서였다. 그러다 보니 의회에 진출한 모든 정당은 자기들만의 폐쇄적인 관심사를 추구하는 길드라 할 수 있는 것이다. 의회의 모든 연설들은 사전에 당에 의해 완전히 검열된 터라, 창의성도 없고 지루하기 그지없었다.

이런 환경에서 새로운 정당이 조직된다고 할 때, 많은 경우 대학생들로부터 충원되는 아마추어 정당의 성격을 띠거나, 아니면 미국식의 정치적 머신을 통해, 지도자의 자질을 갖춘 사람들을 끌어들이는 상업적 조직 형태를 갖게 될 것이다. 어떤 경우이든 영국의 의회주의와 근본적으로 다른 것은 두말할 나위도 없다.

의회가 국가이익을 정의하고 그에 부응해 정책을 결정하는 정치의 장으로 기능하지 못하는 데는 두 가지 요인이 지적될 수 있다. 하나는 (가톨릭중앙당과 사회민주당처럼) 독일 사회의 가장 큰 부문 이익과 의사를 대표하는 정당들이 의회에서 적극적인 역할을 하지 않거나, 그들의 대표가 의회에서

부문 이익만을 대변해 의회를 협소한 특수 이익들이 갈등하는 난투장 내지 세계관을 달리하는 이념 정당들의 투쟁 공간으로 만들어 버렸다는 것이다.

다른 하나는 정당의 대표들이 국가를 운영하거나 정책을 결정하는 데에 전문적인 식견과 판단력을 갖는 직업적 정치인들이라기보다 정치적 아마추어일 경우다. 베버는 정치인들의 전문적 지식과 아마추어리즘을 대비했다. 아마추어들이 정치의 주요 행위자가 되는 한, 전문 지식을 갖는 관료들에 비해 열등할 수밖에 없고, 그들을 통솔하기란 더욱 어려울 것이다.

독일과 영국은 정당의 성격과 대표의 개념에서 그 차이가 뚜렷하다. 영국의 정당은 이념을 달리하는 정당으로 구분돼 있기보다, 관료를 통솔하고 정부를 운영하고 정책을 심의하는 능력에 더 중심을 둔다. 또한 정당 후보로 선출된 대표의 역할과 관련해, 영국의 경우 '버크적 대표의 개념'The Burkean conception of representation에 입각해 있다는 점도 독일과 크게 다르다.[31]

버크적 대표 개념이란 의회에 진출한 선출된 대표가 독일의 경우에서처럼 자신을 선출해 준 정당과 지역구 투표자들의 의사와 이익만을 그대로 엄격하게 대변하는 방식과 달리, 지역구 투표자들의 요구 및 의사에 대해 자율성을 가지고 자

---

31) 버나드 마넹, 『선거는 민주적인가』, 곽준혁 옮김, 후마니타스, 2004, 248~250쪽.

신의 지식과 지혜를 국가 전체의 이익을 위해 사용한다는 것이다. 베버가 대중 투표제적 민주주의를 대안으로 제시하는 것은 이런 정황에서다. 그의 주장을 집약하는 다음의 인용을 통해 이 문제를 좀 더 살펴보자.

달리 선택은 없다. '머신'에 기반한 지도자 민주주의 아니면 지도자 없는 민주주의가 있을 뿐이다. 후자는 소명이 없는 '직업 정치가', 지도자의 필수 요건인 내면의 카리스마적 자질이 없는 직업 정치가들의 지배를 뜻한다. 이들의 지배는 당내 반대파들이 보통 '도당'의 지배라고 부르는 것이다.

한동안 독일에서는 단지 후자, 곧 도당의 지배만이 있었다. 앞으로도 이런 상태는 적어도 독일제국 차원에서는 지속될 것이다. 그 이유는 다음과 같은 몇 가지 조건들 때문이다. 우선 연방 상원이 아마도 다시 부활되어 필연적으로 연방 하원의 권력을 제한하게 될 것인바, 그 결과 지도자가 선발되는 곳으로서 연방 하원이 가진 중요성은 감소할 것이다.

또 다른 요인은 지금과 같은 비례대표제이다. 그것은 비례대표 명부에 후보를 배정하는 것을 둘러싸고 명사들 사이에서 추악한 거래를 조장한다. 또한 이익 단체들이 정당들을 압박해 자신들의 간부들을 후보 명부에 올리도록 만든다. 그로 인해 의회는 진정한 지도자의 설 자리가 없는 그런 비정치적 의회로 만들어질 것이다. 이것이야말로 지도자 없는 민주주의의 전형이 아닐 수 없다.

대통령이 의회를 통해서가 아니라 국민투표로 선출된다면 지도자에 대한 욕구를 배출할 유일한 안전밸브는 독일 대통령직이 될 것이다(이 책 88~89쪽).

영국의 의회정치가 '지도자 있는 민주주의'를 발전시킴으로써 인민 전체의 이익에 봉사할 수 있는 것인 데 반해, 독일의 의회정치는 불행하게도 '지도자 없는 민주주의'를 실현하고 있을 뿐이었다. 독일의 의회는 국가 목표에 대한 콘센서스를 형성하거나 좋은 정책을 결정할 능력이 없었다. 그것은 의회가 무엇보다도 경제사회적 특수 이익, 부문 이익을 대변하는 정당과 정치인들의 쟁투장 이상이 아니었기 때문이다. 이런 체제의 결함은 제1차 세계대전에서 볼 수 있듯이 국제관계, 즉 '힘의 정치' 영역에서 치명적인 것으로 나타났다.

20세기로의 전환점에서, 여러 국내외 관측자들이 다가오는 세기는 '독일의 세기'일 가능성이 크다고 전망할 만큼, 독일의 교육적·사회경제적·문화예술적 발전은 비약적이었다.[32] 그러므로 제1차 세계대전이 종결되는 시점에서 볼 때, 독일은 헌정 구조가 갖는 역기능과 정치의 실패로 말미암아 몰락한 대표적인 나라로 기록될 수 있을지 모른다.

이런 결과를 가져온 독일 정치의 심각한 결함과, 좁게는 의회의 무능에 대한 근본적인 재평가는 베버가 가진 문제의식의 배경을 이룬다. 기존의 체제를 대체할 수 있는 베버의 대안은, 전체로서 국민들에 의해 직접 선출되는 지도자인 것

---

[32] Michael Stürmer, *The German Empire, 1870~1918*, Modern Library Edition, 2000, pp. 68~69.

이다. 그것은 정당과 이익집단들로 대표되는 부문 이익을 초월하는, 국가와 사회 공동의 목표를 추구하고 실현할 수 있는 민주주의 체제를 말한다.

7. 대중 투표제적 지도자 민주주의 3 : 정당 머신과 민주주의

베버는 어떤 사회경제적 기반으로부터 초월해서 문제를 접근하는 정치적 이상주의자가 결코 아니다. 앞서 잠깐 지적했듯이 그가 말하는 것은 '정당 머신을 갖는 지도자 민주주의'다.

지도자는 현대적인 정치조직으로서의 관료 조직과 선거운동 조직을 갖는 정당에 기반해 그의 정치적 의지를 실현하지 않으면 안 된다.

머신이라는 말은, 19세기 중반 이래 신대륙 미국에서 선거의 확대와 이를 바탕으로 한 정당의 발전 과정에서 유권자의 표를 동원하기 위해 발달된 정당의 하부 조직을 뜻한다. 그것은 정당이 득표를 위해 공직과 표를 거래하는 관행으로서, 정당의 부패와 타락을 말하는 동시에 정당 발전의 피할 수 없는 한 단계를 의미하는 것이기도 하다.

20세기를 전후한 시기 민주주의의 발전으로 선거가 확대됨에 따라 이런 미국식의 제도적 관행이 독일을 포함해 유럽 여러 나라에서도 발전하기 시작했다. 그러면서 정당 조직 자체가 관료화되어 왔다는 사실 역시 매우 중요한 특징이다.

베버가 의회와 정당 조직에 기반한 지도자 민주주의를 독일 민주주의 발전을 위한 대안으로 제시한 이유는, 그의 보편사적 역사 이론의 핵심 개념인 '합리화'의 맥락에서 볼 때 훨씬 더 명료해진다. 자본주의의 발전이 동반하는 합리화 현상은 기업 조직의 합리화로 대표되는 시장경제 영역과 공적 영역에서 국가기구의 합리화, 즉 두 수준에서 병행하는 관료화로 나타난다.[33] 그의 논리를 따르면, 민주주의를 위한 대의 기구로서 의회와, 그것을 구성하는 중심적인 정치적 결사체로서 정당 조직은 거대화되고 합리화되면서 관료화를 심화한다.

정당이 국가와 사회, 국가와 경제 사이에서 이 양자를 매개하는 정치적인 메커니즘이라고 할 때, 정당 역시 국가와 자본주의 발전에 따른 시장의 합리화와 거대 기업 조직의 관료화에 상응해 변화하지 않을 수 없다. 그것은 자본주의 발전이 깊숙이 진행된, 말하자면 독점자본주의적 상황에서 발생하는 현상이기도 하다.

여기에서 흥미로운 점은, 관료화가 어떻게 진행되고 있느냐 하는 현상 설명에 관한 것 못지않게, 베버가 이 관료화의 문제를 어떻게 평가하고 있는가이다. 이에 대한 그의 가치

---

33) 여기에서 자본주의의 발전이 국가 형성을 가져오고 관료화를 촉발했다고 혼동해서는 안 된다. 베버의 역사 사회학에서는, 국가의 형성 및 발전이 오히려 자본주의의 발전을 선행한다. 어쨌든 베버의 이론에서 두 사회 변화가 동시에 합리화의 과정에 종속된다 하더라도 자본주의와 국가의 발전은 별개의 과정이다.

평가는 양면적이다. 분명 그것은 인간의 자유를 억압하는 '쇠창살의 우리'로서 인간 이성에 반하는 비합리성을 구현한다. 그러나 다른 한편으로 그것은 합목적성/목적 합리성을 증진함으로써 효율성을 실현한다. 이 점에서 합리화/관료화의 현상은 이율배반적이다. 그러나 더 중요한 것은 그 평가가 어떠하든, 합리화/관료화는 현실에서 피할 수 없는 힘이라는 점이다. 정치적 현실주의자로서 베버는 이 점을 중시한다.

베버는 초기 의회를 지배했던 명사 정당으로부터 관료적으로 강력하게 조직화된 대중정당으로 발전하는 것을 필연적이라고 보았다. 예컨대 미국 정당의 특성들, 관료 충원 제도로서의 엽관제도나, 표를 동원하는 조직으로서 머신 등 미국식 제도들이 관료적 합리화의 힘에 종속될 수밖에 없고 그런 변화는 다만 시간문제라고 믿었다.

이와 관련해 독일 사민당은 하나의 패러다임 사례다. 베버와 로버트 미헬스는 독일 정당 연구의 개척자였다. 그 가운데 미헬스의 『정당들』(1911)[34]은 정당론의 고전으로 평가된다. 노동자계급 정당인 독일 사회민주당을 경험적 사례로 한 그의 연구는, 대중정당으로서 사민당이 관료화됨으로써, 선출되지 않은 엘리트들이 당을 지배하고, 결국 당이 노동자계급의 이익에 봉사하는 것이 아니라 자신들의 이익에 봉사

---

34) Robert Michels, *Political Parties: A Sociological Study of the Oligarchic Tendencies of Modern Democracy*, The Free Press, 1962(독일어판은 1911, 『정당사회학』, 김학이 옮김, 한길사, 2002).

하게 되는 목적 전치 현상이 발생한다는 것을 발견했다. 이른바 그의 '과두화의 철칙'은 결국 민주주의는 인민의 이익에 봉사하는, 인민을 위한 통치 체제가 될 수 없다는 것, 풀어 말하면 대의제 민주주의는 진정한 민주주의를 실현할 수 없다는 중대한 함의를 갖는다. 실로 민주주의에 대한 비관적 평가가 아닐 수 없다.

이를 둘러싼 베버와 미헬스의 견해 차이에 대해서는 신념 윤리와 책임 윤리를 다루면서 다시 논의하기로 한다. 다만 여기에서는 두 사람의 핵심적 차이만 언급한다면, 무엇보다 베버는 미헬스와는 달리, 정당의 관료화와 그에 따른 당 내부 조직의 과두화를 재난적인 것으로 보지 않았다는 점이다.

베버가 보기에 정당의 관료화는 선진 자본주의 산업국가라는 환경에서는 필연적이다. 오히려 그는 관료적 정당 머신이 독점자본주의가 야기한 퇴영적 측면을 제어하고 자본주의 체제의 사회적 역동성을 증대할 수 있다는 긍정적인 측면을 보고 있다. 관료화된 정당 기구는 리더십의 이니셔티브를 강화하는 방향으로 기능할 수 있고, 지도자들이 그들의 정치적 목표를 더 효과적으로 실현할 수 있도록 하기 때문이다.

이 문제는 정당 이론에서 이른바 '당내 민주주의'의 문제와 맞닿아 있기도 하다. 미헬스의 '과두화의 철칙'이, 당의 내부 구조가 관료화되고 엘리트화됨으로써 민주주의가 그들에 의해 포획된다는 것을 말하고 있다면, 베버는 그렇지 않다고 말하고 있다. 베버의 관점과 유사하게 로버트 달도 민주주의가 건강하게 작동하는 데에 중요한 것은 당내 민주주의가 아니라, 정당 간의 경쟁이 얼마나 역동적으로 이루어지느냐 아

니냐의 문제임을 강조하면서 미헬스는 아주 기초적인 오류를 범했다고 비판한 바 있다.[35]

베버는 실제 정치 행위의 측면에서만이 아니라 이론적 관점에서도, 자유의 공간을 확대하고 가치 합리성을 증진하는 정치인과, 엄격한 규율과 전문적 지식을 바탕으로 최고의 효율성을 목표로 행위하는 관료를 대조해 왔다. 또한 행정 관료에 종속되어 '소극적 정치'를 펴는 허약한 의회 대신에 행정 관료에 대해 책임을 묻고 이를 통솔하는 '적극적 정치'의 중심으로서 의회를 강조했다.[36] 한마디로 말해 베버는 관료화된 정당을 수단으로 하고 의회를 정치 활동의 중심으로 삼는 카리스마적 지도자를 대안으로 제시했던 것이다.

정치의 본질은 갈등이라는 베버 정치론의 중심 테마로 볼 때, 그는 갈등에 휘말리지 않는 합리적 행정을 구현하는 관료가 정치적 리더가 되는 데 반대해 왔다. 관료와는 정반대로, 정치적 지도자는 어떤 대가를 치르든 간에 완강한 자세로 목표를 달성하려 투쟁하고 헌신한다. 정치에 복무하는 그들의 의무는 단순히 기존 조건에 적응하는 것이 아니라, 그들이 중요한 가치라고 생각하는 어떤 것을 위해 투쟁하는 사

---

35) Robert A. Dahl, *After Revolution?: Authority in a Good Society*, Yale University Press, 1970/1990, pp. 3~6. 미헬스에 대한 달의 비판은 베버로부터 영감을 받았는지도 모른다.

36) 베버가 왜 강력한 의회를 강조했는지에 대해서는 Beetham, *Max Weber and the Theory of Modern Politics*, ch. 4, "Parliament and Democracy", pp. 95~118.

람이다. 그리고 그 목적을 달성하기 위해 선도적인 지도자들은 그들의 데마고그적 기술을 활용함과 아울러, 그들 스스로 지지자를 창출하고 동원하지 않으면 안 된다. 이 과정에서 지도자들은, 투표자들의 이익을 대표하는 사람이 아니라, 이들에게 자신의 정치적 목적을 제공하는 사람이어야 한다.

베버가 영국의 헌법과 의회를 모델로 삼아 독일 의회의 특징을 분석했다는 것은 앞서도 말한 바 있다. 그러나 그는 어디까지나 독일의 전통과 제도, 정치적·사회경제적 조건에서 대안을 탐색한다. 의회에 대해 정책 심의 역할을 강조하기보다, 지도자를 양성하는 장으로서의 역할을 강조하는 것은 특징적이다. 대중 투표제적 민주주의의 발전은 각 정당의 지도자들과 투표자 대중에게 이니셔티브를 부여하는 것을 핵심으로 하는데, 정치 지도자가 강력한 지도력을 갖기 위해서는 강력한 의회라는 장이 꼭 필요하다는 것이다.

그러나 또한 그는 부분 이익, 특수 이익의 대표임을 넘어 일반 이익, 사회 전체의 이익을 제시하지 않으면 안 된다. 그러려면 그는 의회-정당으로부터 일정한 자율성을 갖는 지도력을 확립해야 한다.

그러므로 이상적인 정치적 리더십은 한편으로는 정부와 의회라는 두 제도 간의 적대적인 상호 관계를 통해, 다른 한편으로는 일반 이익과 사회의 특수 이익을 대변해야 하는 긴장 관계를 통해서만 실현될 수 있다. 이 점에서 베버의 주장은, 순수한 의회주의에 반하는 일대 전환점을 이룬다.

8. 대중 투표제적 지도자 민주주의 4 :
왜 리더십이 중요한가

베버가 말하는 정당 민주주의에 대해, 그리고 이 정당 민주주의 내에서 지도자와 정당 및 정당정치인 간의 관계에 대해 좀 더 살펴볼 필요가 있다. 1919년 베버와 루덴도르프 장군[37] 사이에 있었던 한 대화는 베버가 대중 투표제적 리더십과 그에 기초한 민주주의에 대해 어떤 생각을 가졌는지를 명징하게 보여 준다. 먼저 베버가 말한다. "인민은 그들이 신뢰하는 한 사람의 지도자를 선출한다. 이어서 대표로 선출된 사람이 말한다. '지금 당신들은 아무 소리 말고 복종하라. 인민과 정당들이 지도자와 상충하는 것은 허용될 수 없다.'" 루덴도르프가 답한다. "그런 민주주의는 상당히 매력적이다." 그러나 이어서 베버가 이렇게 말한다. "그런 다음에 인민은 심판할 수 있다. 만약 지도자가 잘못한다면, 그를 교수형에 처해야 한다."[38]

---

37) 에리히 루덴도르프는 (파울 폰 힌덴부르크와 더불어) 제1차 세계대전을 주도한 독일군의 공동 총사령관이었고 1916~18년에는 사실상 군사 독재자였다. 잠수함전에 적극 반대한 개혁적인 베트만홀베크 정권을 퇴진시켰으며, 1917년 연합군에 대해 무제한적 잠수함전을 주도해 결국 미국을 전쟁으로 끌어들인 주역이다. 루덴도르프는 베버의 천적이나 다름없는 인물이다. 베버는 루덴도르프에게 책임 윤리를 물어, 패전에 대해 개인적으로 응분의 책임을 질 것을 강력히 요구했다. 베버와 그와의 만남은 루덴도르프가 베르사유 회의에서 귀국한 뒤 이루어졌다.

베버에게 의회가 지도적 정치인들을 선출하고 그들의 정책 방향에 얼마나 영향을 미치는지는 부차적인 문제에 불과하다. 베버가 의회주의를 지지하는 것은 그것이 강력한 정당 지배와 리더십을 가능하게 할 유일한 방책이기 때문이다. 국민에게 신뢰받는 사람들이 정당을 통해 전면에 나서고, 정당은 이들을 충성스럽게 따르는 것이다. 영국이 경험적 모델이 되는 전통적인 의회 민주주의에서 근본원리는 이런 것이다.

보통의 의회주의 관점에서 볼 때 정치 엘리트로서 인민의 대표들은 정부 정책의 기본 노선을 결정해야 하고, 신임투표를 포함해 정부에 대한 의회의 통제력을 행사함으로써 그 세부 사항이 제대로 시행되는지를 감시·감독해야 한다. 그런데 베버는 정부에 대한 자유주의적 반대 및 견제를 약화함으로써 이 고전적 자유주의 모델을 전도顚倒한다.[39] 베버는 일관되게 정치적 의사는 밑으로부터 창출된다고 주창한다. 그러면서 그들의 정책이 실패할 때 그들을 직위에서 해임할 수 있는 의회의 통제권을 강조한다.

이렇게 해서 밑으로부터의 국민의 의사는, 전면적인 권력과 권한을 부여받은 지도자에 의해 창의적으로 해석되고, 정책 프로그램화되어 집행된다. 집행을 거친 뒤 지도자는 이렇게 집행된 정책이 얼마나 좋은 결과를 만들어 내느냐에 대해 '최종적 수준 내지는 단계'에서 책임지게 된다. 베버의 관점

38) Jaspers, *On Max Weber*, p. xviii에서 재인용.

39) Mommsen, *Max Weber and German Politics 1890~1920*, pp. 183~184.

에서 볼 때, 고전적 자유주의 원리에 입각한 민주주의는 단지 국가로부터의 자유를 본질로 하는 까닭에 기본적으로 '소극적'인 특징을 갖는다. 따라서 그것은 현실 변화에 대응하지 못하는 낡은 체제일 뿐이다. 베버는 여기서 자신이 생각하는 민주주의적 통치 체제를 제시하는데 그것은 국가 목표를 실현하는 데서 정치적 기제들이 능동적으로 작용하는 '적극적' 성격의 체제이다.

베버의 이론 틀에서 지도자 없는 민주주의는 독일적 조건에서 기존의 낡은 의회주의가 지배할 때 나타나는 상황을 말한다. 카이저의 전제적 지배의 연장선상에서 국가 관료 기구를 관장하는 최고 행정 수반으로서 대통령의 통치가 그대로 지속된다면, 그런 것도 지도자 없는 민주주의의 범주에 속한다고 할 수 있다.

의회주의를 중심으로 한 대의제 민주주의는, 초기 자본주의에서의 자유 시장 경쟁을 사회경제적 기초로, 그리고 자유주의를 이론적·철학적 기반으로 해서 발전할 수 있었다. 그러나 독일에서 의회주의적 민주주의가 도입되는 시점은, 거대 기업이 주도하는 독점자본주의적 생산 체제가 본격적으로 발전하는 때이다. 여기에 강력한 관료의 영향력으로 뒷받침되는 국가 중심적 정치체제라는 특징이 추가된다.

이 점에서 우리는 고대 그리스의 직접민주주의와 현대 대의제 민주주의를 대비해 볼 수 있다. 베버가 이 두 개의 민주주의를 동일한 카리스마적 지배 형태로 구분함으로써 공통점을 중시했다는 점에 대해서는 앞에서도 말한 바 있다. 그러나 동일한 범주로 간주하더라도 그 내용은 크게 다르다. 왜냐하면 고대의 민주주의는 통치자-피치자라는 2자 관계로 구성되는 데 비해, 현대의 대의제 민주주의는 관료화된 강력한 국가가 그 사이에 위치함으로써 3자 관계의 구조를 갖기 때문이다.

국가가 자율성을 갖는다는 것은, 관료화된 국가가 사회의 권력 집단으로부터 자율적이고, 계급 이익을 초월해 그 상위에 있다는 것을 의미하는 것이 아니다. 왜냐하면 국가는 사회조직을 관장하는 이들 권력 집단에 기반하고 있기 때문이다.[40] 바로 이런 이유에서 베버는 전체로서의 인민이 자유선거를 통해 자신의 정치적 운명을 결정할 수 있는 위치에 있다고 생각하는 것은 허구라고 말했다. 또한 바로 이런 이유에서 베버는 머신을 갖는 지도자 민주주의를 국가기구의 관료화와 자본주의 시장구조의 독점화가 가져오는 제약적 힘에 대응하면서 역동성을 만들어 낼 수 있는 제도적 대안으로 제시했던 것이다.

밑으로부터의 인민 의사를 대표하는 의회와 정당의 관료화와 데마고그의 카리스마적 권위라는 양립하기 어려운 대립적 명제를 결합하는 것에서 대안을 발견하려는 베버를 읽으면서 오늘날 한국 정치의 문제들, 특히 대통령과 여당 일각에서 제기하는 개헌 이슈를 떠올리게 된다. 문제의 핵심은

---

40) 관료적 국가와 그 사회경제적 기반 사이의 관계에 대해서는 다음을 참조할 것. Richard Bellamy, *Liberalism and Modern Society*, Polity Press, 1992, ch. 4, "Germany: Liberalism Disenchanted", pp. 157~216.

대통령과 의회 사이의 힘의 균형을 어떻게 재조정할 것인가이다. 즉, 단임제 조항을 없애 결과적으로 대통령의 권력을 강화·안정화하는 것이 시급한가, 아니면 의회와 정당 기능을 강화할 제도 변화가 더 시급한가의 문제이다. 베버의 관점에서 보자면 사안의 중대함과 긴급함은 당연히 후자에 있다고 하겠다.

대통령 권한의 강화는 결국 두말할 나위 없이 관료적 국가를 강화하고 증대하는 효과를 낳을 것이다. 그러므로 대통령 단임제를 바꾸고자 하는 개헌론자들은 과연 이것이 그들이 원하는 제도 변화의 효과인지를 숙고할 필요가 있다. 미국 헌법과 비교해 보더라도, 특히 예산 편성권, 법안 제출권, 주요 공직자 임면권이라는 기준에서 볼 때 한국 대통령의 권한은 미국 대통령과 비교할 때 훨씬 크고 강하지만, 의회의 기능은 형편없이 허약하고 행정부에 대해 부수적이다.

이 점에서 한국의 의회와 정당은 사회의 주요 정책 결정 과정에서 주요 이익들이 충돌하는 갈등의 중심에 위치해 있지 않고, 권력의 중심에 있다고 볼 수 없다. 또한 정치적 리더십을 훈련하고 배출하는 장으로서도 부적합하다. 동시에 대통령의 권력에 제한을 가하고 책임을 묻는 권력과 기제들은 너무나 허약하고 엉성하다. 그 결과 의회와 정당 머신에 의해 뒷받침되지 않는 대통령의 사적 통치와 국가의 행정부 관료들이 스스로의 합리성을 극대화하는 자율적 통치 현상이 심화되는 것이다.

이론적으로 말한다면, 뛰어난 민주주의적 지도자/정치인은 카리스마적 자질을 갖는 동시에 관료적 지배의 테크닉을 사용하지 않으면 안 된다는, 서로 모순되는 두 요소를 갖는 다는 점에서 베버의 이론은 이율배반적이다. 카리스마적 지도력이 기존 질서로부터의 해방과 최대한의 자유를 구현하는 임무를 떠맡는다면, 목적 실현의 수단으로서의 관료적 테크닉은 카리스마를 일상화의 힘에 노출함으로써 그 생명력을 약화하기 때문이다.[41]

여기에서 핵심은, 서로 상극하는 두 원리로서 카리스마적 리더십과 엄격한 관료적 규율이 서로 충돌한다는 것이 아니라, 양자의 변증법적 관계를 통해 서로의 장점이 결합되어야 한다는 것이다. 그러므로 카리스마적 지도자란 내적 소명 의식과 통치의 테크닉을 갖지 못한 데마고그와 같은 것이 아니다. 소명 의식만을 가진 지도자를 순수한 카리스마라고 한다면, 권력투쟁의 수단을 가진 지도자는 정치적 이성을 겸비한 이성적 카리스마라고 할 수 있다.

한편으로는 법적·합리적 원리에 입각한 의회 민주주의, 다른 한편으로는 변화와 개혁을 가능하게 하는 카리스마적 리더십을 결합하는 것, 이를 통해 관료화의 힘을 일정하게 제어하면서 개인적 자유와 창조의 영역을 유지하거나 확대하는 것이 가능하리라는 기대는 커다란 설득력을 갖는다. 하지만 베버의 이론이 갖는 문제는, 이 양극적인 요소 간의 균

---

41) 카리스마의 일상화에 대해서는 Weber, *Economy and Society*, Vol. II, ch. 4, "Charisma and its Transformations, ii. the genesis and transformation of charismatic authority, 1. Routinization of charisma", pp. 1121~1123.

형이 깨질 때 발생한다.

그 균형의 파괴는 몇 가지로 생각할 수 있을 것 같다. 카리스마적 리더십은 본질적으로 하나의 일시적인 현상이기에 오래 지속하기 어렵고, 또 어떤 체제도 카리스마적 지도자를 배출하기가 생각만큼 쉽지 않다. 자칫 카리스마적 지도자가 아니라, 포퓰리즘적인 순수 데마고그의 출현을 가져올 수 있기 때문이다. 또는 1930년대 독일 사례에서 보듯이, 비상시 대통령의 권한을 강화하고, 기본적인 인권 조항들을 정지함으로써 독재자의 출현을 허용할 수도 있다.

그러나 강한 리더십을 가능하게 하는 제도가 모두 독재자의 출현을 가져오지는 않는다. 1958년 개정된 프랑스 헌법은 제16조에서 정치적 위기 시 대통령에 대한 헌법적 제한을 완화하는 내용을 넣었지만 독재자의 출현으로 이어지지는 않았다. 또한 베버의 이론은, 오늘날의 일본 정치 — 특히 대지진과 쓰나미, 그에 따른 후쿠시마 원전 폭발 및 방사능 물질 유출이라는 위기 상황 — 와 관련해 볼 때 매우 시사적이다. 무엇보다도 그것은 정치 리더십의 부재가 가져오는 위험성을 보여 주었기 때문이다. 국가 관료 행정 기구들 간의 유착, 정부 관료와 대기업 및 이들을 위한 대표 기구인 일본경제연합(게이단렌) 간의 유착, 규제자로서의 정부 기구와 피규제자로서의 민간 기업 간의 유착 관계의 심화는, 정치 리더십의 부재라는 현상과 무관하지 않다. 관료화의 심화는, 일본 전체의 시스템을 경직화하고, 정당과 의회가 리더십을 배출할 수 없는 구조를 만들었다고 볼 수 있다. 이 점에서 일본의 사례는 순수 의회 지배 체제에서 대중 투표적 대통령 중심제로의 전환을 필요로 하는지도 모른다.

카리스마적 지도자에 대한 베버의 이론이 어떤 시대적 맥락에서 나왔든, 리더십은 인간의 정치 행위를 설명하고, 정치적 문제를 해결하는 데서 그 중심에 위치하고 있는 하나의 보편적 현상인 것이다.[42] 이 점에서 베버의 이론적·실천적 기여는 크다고 하지 않을 수 없다.

9. 정치적 윤리 1 : 신념 윤리와 책임 윤리

이제 『소명으로서의 정치』의 중심 주제인 '내면적 신념 윤리'와 '책임 윤리'에 대해 살펴보자. 그것은 한 사람의 직업

---

42) 미국의 정치학자 내널 코핸은 리더십의 문제가 정치와 정부론에서 중심적인 이슈임에도 거의 대부분의 정치학자들이 다른 이슈를 다루는 만큼의 주의력을 기울여 리더십 문제를 탐구하지 않는다고 말한다. 그녀의 비판은 『소명으로서의 정치』의 중심 주제와 직결된다. 코핸의 비판에 따르면 정치학자/정치이론가들은 지도자의 퍼스펙티브에서 리더십을 연구하지 않는다. 그리고 성공적인 리더십에 필요한 기술에 관해, 권력 행사가 권력 소지자에게 미치는 영향에 대해, 그리고 지도자들이 어떻게 고무되고 준비될 수 있는지의 문제들에 대해서도 별로 연구하지 않는다. 그런 의미에서 마키아벨리, 베버, 그리고 그들과는 아주 다른 측면에서 플라톤, 아리스토텔레스 등은 예외라고 할 수 있다. Nannerl O. Keohane, "Why Political Theorists Should Think More Carefully about Leadership", in Gary King, Kay Lehman Schlozman and Norman Nie eds., *The Future of Political Science: 100 Perspectives*, Routledge, 2009, p. 6.

정치인, 카리스마적 지도자가 갖춰야 할 덕목으로서 내면적 정신과 윤리적 측면을 말한다. 이 부분은 베버의 정치철학이 가장 응축된 것으로, 이 책뿐만 아니라 그동안 정치를 주제로 베버가 저술했던 저작들의 클라이맥스이자 결론에 해당한다.

베버는 먼저 한 사람의 정치인이 갖춰야 할 세 가지 요소를 지적한다. 열정Leidenschaft, passion, 책임감Verantwortungsgefühl, sense of responsibility, 균형적 판단Augenmaß, judgement이 그것이다. 열정은, 내적 소명 의식을 갖는 정치인이 정치 행위를 하는 데 필요한 에너지라 할 수 있다. 그러므로 열정을 갖는 정치는 단순한 정치적 아마추어의, 내용 없는 흥분과 구분된다. 동시에 보통의 정치인들이 권력을 추구하거나 가졌을 때 흔히 갖는 허영심과도 거리가 멀다.

허영심은 대부분의 보통 정치인들이나 정치 행위자들이 갖는 심리이기 때문에 매우 사소하면서도 인간적인 것이다. 그러나 그런 심리는 정치인을 내부로부터 위협하며, 대의를 추구하거나 거리 두기에 있어 치명적인 해를 미친다.

반면에 열정, 책임감, 균형적 판단을 갖춘 카리스마적 지도자는 단순한 데마고그가 아니다. 그를 데마고그의 한 유형으로 분류한다면 좋은 이성 내지는 정치적 이성을 지닌 데마고그라고 할 수 있을 것이다.

열정을 뜻하는 독일어의 Passion 내지 Leidenschaft와 영어의 passion은 동일한 의미를 갖는다. 둘 다 예수가 받은 '수난'이라는 말과 연결되어 있다. 메리엄-웹스터 영어 사전을 참조하면, passion의 첫 번째 정의는 "최후의 만찬과 그의 죽음 사이에서 예수가 받은 고통"이고 두 번째 정의가 "강력한 느낌", "이성과 구분되는 감정"이다. 예수의 고통을 자기의 고통으로 내면적으로 공감하는 것에 가까이 가고자 하는 강력한 믿음, 감정의 치열함은, 곧 고통이자 강력한 감정이 아닐 수 없다.[43] 그것은 기본적으로 강렬한 내적 신념이 탐욕과 욕구를 억제하는 열정에 의해 금욕적 정신을 갖도록 하는 칼뱅주의의 정신이고, 베버의 사회적 인간 행위에 대한 설명의 출발점이기도 하다.

그런데 칼뱅주의의 맥락에서 열정은, 개인적으로나 감정적으로 터져 나오는 종교적 충동과 연결되는 감정이 아니다. 오히려 그것은 엄격한 규율의 교리이고, 복음에 복종하고 신을 위해 희생하는 것을 가리킨다. 신앙인의 종교적 에너지는 구체적이고 가시적인 교회의 형태를 통해 공적으로 규율되지 않으면 안 된다. 이런 맥락에서의 열정은 차라리 반反감정적 열정, 이성에 의해 규율되는 차가운 열정을 의미한다. 한 사람의 정치인이 정치 행위에 대해 열정을 가진다고 말할 때, 그것은 어떤 정치적 신념이나 목적을 추구하는 데서 끝나는 것이 아니라, 구체적으로 그것을 실천하고 실현하는 행위와 그 결과를 포괄하는 것이다.

[43] passion이라는 말이 일견 아주 달라 보이는 두 의미를 동시에 갖는다는 점에 대해서는 언젠가 김우창 교수와의 대화를 통해 알게 됐다. 그 것을 알기 전에는 바흐의 마태수난곡Matthäus-Passion을 비롯한 여러 교회음악들, 요한·루가·마르코 수난곡들이 왜 모두 Passion이라고 되어 있는지에 대해 주의를 기울이지 못했다.

내면적 신념을 추구하는 것만으로 정치의 영역에서 발생하는 문제들이 해결될 수 있다면, 정치는 곧 윤리학으로 환원될 수 있을 것이다. 그러나 여기에서 베버가 의미하는 것은, 분명하고도 단호하다. 정치 영역의 자율성을 발견하는 것이야말로 정치에 대한 가장 본질적인 문제를 이해하는 것이다. 즉, 정치는 도덕과 다르다는 것이다. 이 점을 이해하지 않는 한 우리는 정치의 본질을 이해하기 어렵다. 왜냐하면 우리가 정치라고 말하는, 인간의 인간에 대한 지배, 권력을 본질로 하는 지배 및 통치행위는 그것 자체의 논리, 방법, 패러독스, 운명을 갖기 때문이다.

베버에게 정치는 권력과 폭력을 본질로 한다. 모든 정치 생활, 정치 행위는 권력으로부터 발생하는 문제와 관련돼 있으며, 권력은 투쟁이고, 그러므로 정치하는 사람들은 권력과 폭력이 소용돌이치는 '악마적인 힘'에 끌려들어 가게 된다. 그렇기 때문에 정치 영역에서는, "윤리의 문제가 도덕적으로 지극히 재난적인" 역할을 할 수도 있다는 점을 생각해야 한다. 이 점에서 베버는 마키아벨리와 정치에 대한 이해를 공유한다.

> [정치가의 행위와 관련해 볼 때] 선한 것이 선한 것을 낳고, 악한 것이 악한 것을 낳는다는 것은 사실이 아니다. 차라리 그 반대인 경우가 더 많다. 이를 인식하지 못하는 자는 실로 정치적 유아에 불과하다(이 책 111쪽).

선과 악이 전도되는 경우는 인간의 역사를 통해서, 그리고 일상적인 생활 속에서 쉽게 발견할 수 있다. 베버의 말을 확대하면, 정치적 선의가 결과의 좋음을 보장하는 것은 아니다. 1918년 베버는 한 친구에게 보내는 편지에서 다음과 같이 썼다.

> 오랜 경험 끝에 나는 누군가 그 자신의 진정한 의지가 무엇인지를 알 수 있는 것은, 특정 이슈가 예리하게 표출될 때 그 문제에 대한 그의 태도가 어떤 것인가를 통해 그가 상정하는 궁극적 신념을 검증할 수 있을 때뿐임을 확실히 알게 되었다.[44]

바꾸어 말하면, 신념의 정당함은 그 자체로서 입증될 수 있는 것이 아니라, 현실의 구체적 상황에서 옳은 것으로 검증되는 경우에만 입증될 수 있다.

그렇다면 정치 영역에서 유효한 정치의 에토스, 정치의 도덕적 성격은 무엇인가? 이 문제에 대답하기 위해 베버는 '내면적 신념 윤리'와 '책임 윤리'를 구분하고, 이 두 개념 사이의 관계를 탐색한다. 철학적으로 말하면, 신념과 책임의 두 모순적 도덕은 칸트의 '순수 이성 비판'에서 이율배반의 한 유형인 '자유와 필연'에 대비될 수 있을지 모른다.[45] 그러나

---

44) Beetham, *Max Weber and the Theory of Modern Politics*, p. 36에서 재인용.

45) Immanuel Kant, *Prolegomena to Any Future of Metaphysics*, Macmillan Publishing Company, 1950, pp. 86~95. 이율배반에는 네 가지가 있다. 시간과 공간에서 유한과 무한, 사물의 구성에서 완결성과 그것들의 구성성, 인과관계에서 자유와 필연, 현상의 존재에서 필수적인 것과 부수적인 것이다.

정치 영역에서 신념 윤리와 책임 윤리의 관계는 다른 관점에서도 볼 수 있을 것 같다.

한 정치 행위자가 이념이나 가치, 대의나 이데올로기와 같은 어떤 내면적 신념을 가짐으로써 자신의 윤리적 목적을 만족시키려 할 수 있다. 그러면서 다른 사람이 어떤 확고한 원칙도 없이 행위하는 것을 볼 때 정치적으로 공허하다고 생각할 것이다. 동시에 자신의 신념과 배치되는 어떤 타협도 거부하거나 자신의 신념을 고수하는 것이 다른 사람에게 불리한 결과를 가져온다 하더라도 아랑곳하지 않는다. 그러나 정치 영역에서 이런 절대적 신념의 윤리는 무책임하고 나아가서는 위험할 수 있다.

바꾸어 말하면 신념 윤리는 각 개인이 행위할 때, 명시적으로나 암묵적으로 그 행위의 결과를 고려하지 않고, 그가 옳다고 생각하는 것을 말하는 도덕이다. 그렇기 때문에 그것은 하나의 도덕적 근본주의의 태도를 동반한다. 그러나 이런 도덕적인 행위는 종교나 도덕 영역 밖의 세속적인 현실 세계에 들어서는 순간 예기치 않은 문제에 이내 봉착한다.

베버가 당시 격렬하게 비판했던 절대적 평화주의의 경우역시 좋은 사례다. 그들은 무기를 들거나 동료 인간을 죽이는 것을 거부한다. 그러나 이를 거부함으로써 전쟁이 저지될 수 있다고 생각했다면 그것은 순진한 생각이다. 책임의 도덕성이라는 관점에서 볼 때 평화주의는 무용하고 무책임할 뿐이다. 베버는 이 점 때문에 제1차 세계대전 시기 독일의 절대적 평화주의에 대해 강력히 비판했다.

그것과는 달리, 책임 윤리는 레이몽 아롱의 표현을 빌려 말한다면[46] 사건의 전체 구조 내지는 맥락에서 행위자가 자신의 결정이 가져올 수 있는 결과를 상상하고, 그가 원래 바라는 목표와 관련해 그것이 어떤 결과를 가져올 것인가를 생각하는 판단력, 사려 깊음을 뜻한다. 따라서 책임 윤리는 목적과 수단을 어떻게 해석할 것이냐에 영향을 미친다. 즉, '무엇을 할 것인가?'와 '어떻게 할 것인가?'라는 물음은 동일한 문제에 영향을 미치는 동전의 양면과 같은 것이다.

10. 정치적 윤리 2 : 책임의 도덕성

목표의 설정, 목적의 지고함은 수단의 제약에 의해 조정·재평가·재설정되지 않으면 안 될 것이다. 그러므로 한 사람의 정치인이 진정으로 가져야 할 소명 의식은 자신의 신념에 헌신하되, 그것은 책임 윤리, 즉 목적을 실현하는 데 효과를 가질 수 있고, 악이라 하더라도 선을 창출하는 데 활용될 수 있다는 실용적 인식을 통해 타협되고 조화되지 않으면 안 된다. 이런 윤리적 비합리성을 순수한 이데올로그들은 수용할 수 없을 것이다. 그러나 카리스마적 지도자의 자질은, 신념과 책임이라는 두 윤리 가운데 어느 하나를 선택적으로 취하는 것이 아니라, 최적 상태에서 양자의 균형을 발견하는 능력에

---

46) Aron, "Max Weber", *Main Currents in Sociological Thought*, Vol. 2, pp. 252~257.

있다.

이런 논리가 갖는 정치적·사회적 함의는 크다. 만약 어떤 정치인이 운 좋게 대통령이나 영향력이 큰 정치인이 되어 자신의 신념을 실제로 집행했다고 해보자. 그 신념이 잘못되었을 경우, 그것이 미칠 결과는 가공스러울 수밖에 없다.

임기를 갖는 데마고그들이 제각기 굉장한 신념을 가지고 사회를 뜯어고치려 한다고 해보자. 온 사회는 새로운 아이디어들의 거대한 실험장이 될 것이 뻔하다. 베버의 '책임 윤리'는 인간의 이상이나 열정이 현실에 의해 구속되고 조정된다는 것, 그러므로 정치가 곧바로 혁명이나 전쟁과 같은 극단적인 상황으로 귀결되지 않는 메커니즘을 말하는 것이기도 하다.

공동체의 이상을 실현하는 것과 그것을 실현할 수 있는 현실적 수단의 제약 사이에는 하나의 균형, 그러나 언제나 유동적인 균형이 존재한다. 또한 그것은 변화에 대한 개혁적 요구와 현상 유지 사이의 균형을 의미한다. 그리고 여기에서 책임 윤리는 이상을 실현하는 현실적 방법으로 나타날 수 있다는 것이다.

정치인의 행위를 지배하는 도덕이, 정치인 자신의 사적 목적보다 더 상위의 공동체 선을 추구하는 것이라고 한다면, 보통의 도덕이 아닌, 좀 더 높은 도덕이 존재한다. 베버는 신념 윤리를 정치 윤리의 한 축으로 삼기 때문에, 마키아벨리즘을 곧바로 찬양하지는 않는다. 베버는 누구도 이 책임의 도덕성을 결론으로 상정하고 이를 추구하는 것은 아니라는 점을 강조한다.

베버가 정치적 행위의 동인으로서 도덕적인 것과 도구적인 것을 구분하는 것은 실로 의미 깊다. 도구적인 태도는 행위자의 목적에 부응하는 결과를 만들어 내려는 것이고, 정치의 환경적 요인을 고려하지 않으면 안 되는 것이며, 행위와 말이 미칠 수 있는 모든 영향을 최대한 분석하지 않으면 안 될 것이다. 도덕적 태도는 외부적 조건이나 결과를 고려하지 않고 자신의 내면적 가치나 신념을 따르는 것을 말한다. 이성적 행위는 이런 두 태도 모두에 의해 추동되는 것이다.

베버는 텍스트에서 윤리적으로 존경할 만한 행위로 매우 대조적인 두 사례를 든다. 하나는 마키아벨리가 쓴 『피렌체의 역사』의 한 구절(3권 7장)을 인용하면서 말한 것으로, "자신의 영혼을 희생해서 도시를 구한" 사례다.[47] 1375년 교황청이 피렌체에 파견한 최고 행정관이 학정을 일삼고 급기야 피렌체를 대상으로 전쟁을 일으키자, 피렌체 시민들은 교황과 교회에 맞서 군사를 일으키고 교황군에 대적했다. 전쟁을 수행하기 위해 여덟 명의 시민이 그 책임을 맡았는데, 이들이 전쟁을 승리로 이끌어 피렌체의 평화를 지키고, 교황의 전제정을 막아 냈다. 이들은 모두 가톨릭교도들이었으나, 시민으로서 자신의 도시를 지켰다는 이야기다.

그러나 또 다른 한편으로 "이것이 나의 신념이다. 나는 다른 내가 될 수 없다! [신의 가호를, 아멘!]"라는 루터의 말을

---

47) Machiavelli, *The History of Florence, in The Chief Works and Others*, Vol. III, Duke University Press, 1989, Book III, ch. 7, pp. 1149~1150.

인용하면서 다른 예를 말한다. 1521년 당시 독일의 통치자 찰스 5세와 루터가 보름스 의사당에서 극적으로 대면했을 때이다. 자신의 신념을 굽힐 것을 요구받은 루터는 젊은 황제의 태도를 바꿀 수 없음을 깨달았다. 결국 그는 자신의 신앙이 성서와 양심에 어긋나지 않기 때문에 물러설 수 없다는 입장을 단호히 밝히는 것으로 자신의 목숨을 걸고 신념을 지켰다. 앞의 경우가 교회와 신앙에 대한 신념을 포기하고 시민으로서 자신의 정치 공동체를 지켜 낸 사례라면, 루터의 사례는 양자택일적인 극단적인 상황에서 자신의 신념을 고수하는 것의 윤리적 가치를 말하고 있는 것이다.

여기서 중요한 것은 책임의 도덕성이 그 자체로서는 충분하지 않다는 점이다. 왜냐하면 그것은 어떤 목표가 있을 때, 그에 합당한 수단을 찾는 것으로 정의되기 때문이다. 그런데 문제는 목표 그 자체가 언제나 결정돼 있는 것이 아니고 가변적이라는 점이다. 베버는 『소명으로서의 정치』에서 고대 그리스에서 올림포스 신들 간의 갈등 관계를 거론하며 '신들의 전쟁'을 말한다. 그것은 궁극적 신념, 가치가 갈등하고 있고, 가치들 간의 위계질서도 존재하지 않는다는 것을 뜻한다. 이런 점 때문에 혹자는 베버를 허무주의, 또는 비관주의라고 보기도 한다.

베버는 인간과 사회가 성취해야 할 목표, 실현해야 할 가치에 대해 합의할 수 있다고 믿지 않았다. '신들의 전쟁'이라는 말은, 인간이 창출하는 가치에 대해 자유 의지적 관점을 가진 것을 의미한다. 이런 조건에서 다만 선택이 강제될 뿐이고, 이 점에서 철학적으로 실존적이라고 말할 수 있을 것이다.

11. 정치적 윤리 3 : 급진주의와 정치 윤리

신념 윤리와 책임 윤리의 구분이 왜 유용한 것인가는 독일 사회주의를 대표하는 사민당의 전략을 둘러싼 논쟁을 통해서도 볼 수 있는데, 이는 특히 베버와 미헬스의 관계에서 잘 드러난다.[48]

미헬스는 독일 사민당이 사회주의 이념과 혁명적 급진 노선에 충실하게 복무해야 한다고 완강하게 요구한 급진적 사회주의 생디칼리스트였다. 베버는 미헬스가 사회정책협회와 『사회과학과 사회정책 연구지』의 회원이자 편집자가 되게끔 도왔다. 그러면서 독일 사민당에 관해 연구하도록 격려했다. 1900년 초 이래 이들 사이에는 특별한 학문적 동료 관계가 발전했다.

미헬스는 당시 사민당 지도부가 주도하던 온건 전략에 실망했다. 그는 사민당은 그 자신의 이념에 부합하지 않는 어떤 것으로 변질되고 있다고 생각했다. 그의 관점에서는 당 지도부의 성격이 프티부르주아적인 것으로 변하고, 혁명적 목표에 대해 말로만 충성을 표현하면서 온건주의 전략을 취하는

---

48) 이 주제에 대한 서술은 전적으로 몸젠의 논문을 따랐다. Mommsen, *The Political and Social Theory of Max Weber*, ch. 6, "Roberto Michels and Max Weber", pp. 87~103. 또는 Mommsen and Osterhammel eds., *Max Weber and His Contemporaries*, ch. 8. 이와 유사한 문제의식으로는 박상훈, 『정치의 발견』 개정3판, 후마니타스, 2015, 5장과 셰리 버먼, 『정치가 우선한다』, 김유진 옮김, 후마니타스, 2010을 참조할 것.

사민당이 문제였다.

　이 문제에 대한 베버의 생각은 흥미롭다. 사회주의와 노동운동에 대해 미헬스와는 이념적으로 차이가 있었다 하더라도 일정하게 긍정적으로 평가했던 베버는, 사민주의 정당 내에서 프티부르주아적 멘탈리티가 지배적이라는 미헬스의 분석에 공감했다. 그러나 문제의 진단이 동일함에도 불구하고, 이를 어떻게 볼 것이냐 하는 판단의 문제에서 두 사람은 정반대였다.

　미헬스는 좌파 정책을 구현하기 위해 당의 노선이 더 좌로 이동해야 하고, 필요하면 정치적 대중 파업이라는 무기를 활용해야 한다고 생각했다. 반대로 베버는 사민당이 현실의 사회적 조건에 부응하지 못하는 것, 다시 말해 진보적인 자유주의 세력과 제휴하면서 일관된 수정주의적 노선을 공개적으로 채택하지 못하고 있는 것을 비판했다. 두 사람 모두 사민당을 말로만 혁명과 급진주의를 외치는 프티부르주아적인 정당이라고 비판했지만, 그 내용은 이처럼 정반대였다.

　이들의 차이를 만드는 핵심적인 요소는 두 가지였다. 첫째는 관료화의 현상과 그 효과에 관한 것이고, 둘째는 민주주의를 이해하는 방법에 관한 것이다. 먼저 관료화와 관련해 미헬스는 당의 혁명적 열정이 약화되고 있는 것은 당의 관료화가 가져온 결과라고 봤다. 또한 권력 추구에 몰두하는 선출된 대표들과 과두적 지도자들에게 물들지 않는 아나키즘의 전통은 살아 있기 때문에, 이상으로서 직접민주주의는 여전히 유효하다고 생각했다.

　그러나 베버는 미헬스의 이런 급진 민주주의의 관점에 대해 비판적이었다. 베버는 미헬스의 이념을 신념 윤리를 대변하는 것으로 봤다. 미헬스의 신념 자체는 비판할 수 없는 것이었다. 그러나 다른 한편 그의 판단은 현실성이 없을 뿐만 아니라 유해하다고 봤다. 그는 미헬스의 생디칼리스트 사회주의를 비롯해서 모든 유형의 신념 정치에 대해 적대하지 않았다. 그가 비판적이었던 것은 책임의 도덕성이라는 관점에서였다. 베버 자신도 책임 윤리가 요구했던 냉철한 이성으로 열정을 제어하기보다 항상 강렬한 열정을 불러오는 신념 윤리의 유혹을 뿌리칠 수 없었다고 술회한 적이 있다. 그런 열정을 베버 역시 공유했지만 정치적 실천을 그렇게 할 수는 없다는 것이 그의 생각이었다.

둘째로 민주주의에 대한 관점과 관련해, 미헬스는 선출되지 않은 엘리트들을 중심으로 한 직업적 리더십이 형성되기 시작하는 것을 민주주의가 종말에 이르는 퇴행 과정으로 봤다. 베버는 한편으로는, 대중 투표제에 기초한 민주주의로 발전하는 경향은 민주주의에서 피치자의 역할을 약화하는 동시에, 지도자의 역할을 증대한다고 봤으며, 그 경향은 역전될 수 없다고 생각했다. 그러나 그는 이 변화를 긍정적으로 봤다. 앞서도 말했지만, 대중 투표제적 지도자 민주주의는, 권력 기구의 관료화에 대항할 수 있는 균형자라고 생각했기 때문이다.

또한 이념 정당이 현실주의적 실용주의 노선을 취하는 쪽으로 변화하는 것을 긍정적으로 생각했다. 혁명적 의지를 갖는 정당이 건설적이고 개혁적인 정당으로 발전하는 것을 대중정당의 관료화가 뒷받침할 수 있다는 이유에서였다. 오늘의 시점에서 우리는, 19세기 말부터 현재에 이르기까지 사민당의 실제 역사는 베버의 현실주의적 관점에 상응해 변해 왔음을 잘 알고 있다.

사민당에 두 가지 선택이 있다고 해보자. 하나는 원래의 신념과 이념을 고수하면서 현실의 변화에 적응하지 못하고 소멸하는 경로이고, 다른 하나는 혁명적 이념 정당으로서의 색깔을 탈색하고 체제 내 정당으로 발전해 전후 복지국가를 만드는 데 기여하는 경로다. 이 가운데 무엇을 선택할 것인가? 이 두 선택 사이에서 무엇이 더 바람직한지는 각자의 가치판단과 신념에 따라 판단할 수 있을 것이다. 그러나 정치적 이성을 기준으로 보면, 그 해답이 어디에 있는지에 대해 분명히 말할 수 있을 것이다.

미헬스가 제1차 세계대전 발발을 전후한 시기 자신의 급진 혁명적 신조를 포기하고 이탈리아 파시즘으로 전향할 때까지, 두 사람은 동일한 현상을 보면서도 상반되게 생각했다. 학문적으로 누구보다 가까운 친교를 유지했지만, 정치적 도덕의 두 범주를 통해 볼 때, 미헬스와 베버는 크게 엇갈렸다.

신념 윤리와 책임 윤리의 이 도덕적 구분이 단순하게 해석될 수는 없을 것이다. 어떤 정치적 판단에 이르기까지 이 두 도덕적 요소는 내면의 이성적 사유 과정에서 끊임없이 갈등할 수 있기 때문이다. 신념 윤리에 충만한 사람이라면, 어떤 판단을 하는 과정에서 도덕적 결과를 끌어내고자 할 것이다. 그러나 이 과정에서 그는 책임의 도덕성에 대한 자각으로부터 엄격하고 합리주의적인 자기비판을 할 수도 있다. 현실에서 신념 윤리와 책임 윤리는 배타적이기보다 일정한 동태적 균형을 필요로 하는 것이다.

베버의 신념 윤리와 책임 윤리의 구분은, 정치 행위의 본질과 그 복잡성을 보여 줄 수 있다는 점에서 매우 의미심장한 이론이 아닐 수 없다.

12. 결론 : 정치적 이성

오늘의 한국 사회에서 베버를 읽는 것은, 민주화 시대에 정치적 이성을 탐색하는 길잡이가 될 수 있으리라는 어떤 기대와 무관하지 않다. 요컨대 정치적 이성은 정치라는 특별한 인간 행위의 영역에서 상정할 수 있는 길잡이를 일컫는다. 그것은 정치 행위의 본질적 측면, 즉 권력·폭력·갈등이 빚어내는 정치의 특성을 이해한 위에, 사회 공동체의 복리와 안정, 그리고 개인의 자유와 공동체적 삶의 조건을 증진하고 향상하는 것, 즉 공적 생활의 영역에서 인간적 가치를 증진하는 데 기여하는 이성 작용을 말한다.

베버가 정치를 '악마의 힘'이 작용하는 영역으로 표현했듯이, 도덕과 정치의 관계는 자주 전도되기 일쑤이고, 정치 행위의 목적과 그것이 가져오는 결과 간의 관계는 예측할 수 없을 때가 많다. 그러므로 정치는 언제나 위험을 동반한다. 이런 조건에서 우리는 어떻게 합리성을 가질 수 있고, 그 속에서 어떤 긍정적인 결과를 만들어 낼 수 있을 것인가 하는 문제를 대면하게 된다. 정치적 이성의 관점에서 볼 때 현실 속에서 가능한 최상의 것이란, 순수이성이나 어떤 도덕적 규범의 기준을 만족시킬 수 없는, 언제나 최적 이하의 지점에서 발견된다.

그러므로 정치적 이성은 정치를 통해 유토피아를 추구하는 것이 될 수 없으며, 흥분과 정서주의에 몰입하는 것도 될 수가 없다. 선의로 정치적 문제를 해결할 수 있다고 믿는 도덕주의적 접근 혹은 정치적 선택을 "좀 더 나은 것과 혐오스러운 것 사이"의 선택[49]이 아니라 선악의 대립으로 이해하는 것이 될 수도 없다. 교조적 이데올로기에 대한 맹신과 실용주의에 대한 거부도 아니고, 부분적 진실을 추구하는 것보다 총체적 비전을 추구하는 것도 아니며, 어디에도 제약받지 않고 현실 초월적인 근본주의적 이념이나 실천론과는 상응할 수 없는 것이다.

베버가 『소명으로서의 정치』를 통해 말하고자 하는 것은 정치를 통해 추구하려는 것이 무엇이든 간에 그것이 진지한 것이라면, 정치 자체는 항상 책임의 도덕에 기초하지 않으면 안 된다는 것이다. 그러나 이 책은 정치인이 가져야 할 정치 도덕에 대해서 말하고 있는 것만은 아니다. 그것은 그 이상을 말한다. 왜냐하면 우리는 이 책에서 정치를 이해하는 방법과 아울러 이성적인 정치적 판단이 어떤 것인지를 배우게

---

49) 레이몽 아롱의 말, Tony Judt, *Postwar: A History of Europe since 1945*, Penguin Books, 2005, p. 218(『포스트워 1945~2005』 1·2, 조행복 옮김, 플래닛, 2008). 선택은 "선과 악 사이의 투쟁이 아니라, 좀 더 나은 것과 혐오스러운 것 사이에서between the preferable and the detestable" 만들어진다.

되기 때문이다.

베버는 신념 윤리와 책임 윤리를 구분함으로써, 두 개의 대립적이고 양립할 수 없는 명제가 동시에 가능하다는 이율배반적 구조가 정치 행위의 본질적인 측면이라고 말한다. 이를 통해 그는 인간적 현실이 얼마나 복합적이고 다원적인지, 그리고 얼마나 이중적이고 모호한지를 동시에 일깨운다. 그러므로 우리는 정치 행위에서 무엇보다 중요한 것은 균형적 판단, 절제, 나아가 겸허함에 있음을 깨닫게 된다.

민주화 이후 한국의 사회구조는 다원화되고 과거와는 다른 형태로 계층화되었다. 경제 역시 세계경제의 선진국으로 부상하면서 크게 변화했다. 그러나 사회의 여러 수준에서 일어난 빠르고 커다란 변화에도 불구하고 정치의 이념은 편협한 이데올로기에 묶여 있고, 정치에 대한 이해는 부정적이고 경직적이어서 민주주의의 가치와 작동 원리에 상응하지 못하고 있다. 이런 조건에서 베버의 정치사상을 집약한 『소명으로서의 정치』를 읽는다는 것은, 오늘날 한국 사회에서 정치와 권력을 이해하기 위해 필요한 패러다임의 변화에 기여할 만한 커다란 지적 자원과 만나는 일이 아닐 수 없다.

찾아보기